我が身を守る法律知識

瀬木比呂志

講談社現代新書
2697

まえがき――あらゆる紛争・危険防止のための知恵と知識

法的なリスクの重大さにうとい日本人

二〇一一年の福島第一原発事故から一一年余りを経た二〇二二年（令和四年）七月一三日、東京地裁は、東京電力の株主らが勝俣恒久《かつまたつねひさ》元会長ら同社の旧経営陣に対して提起していた株主代表訴訟につき、被告らのうち四名に連帯して一三兆余円の支払を命じる判決を下しました。その理由は、彼らが津波対策を怠った結果前記事故を防止できず、会社に巨額の損害を与えるに至ったというものです。

一三兆余円という賠償額は、個人被告の賠償額としては空前のものです。当然のことながら、被告らの支払能力をはるかに超えていますから、もしもこの判決が確定すれば、彼らは、自己破産を強いられることになるでしょう。

会社経営にかかわる要職にあったとはいえ、彼らは、オーナー社長や一族ではなく、企業から雇われた経営者にすぎません。けれども、こうした立場であっても、経営上の重大な判断を誤れば、それまでに積み上げてきた財産、名誉等を事実上すべて失いうることを示したという意味で、象徴的な司法判断だったといえます。

もしも、先の被告らが、重大な注意義務違反に伴いうる法的なリスクを正確に把握していたなら、日本の危機管理能力の欠如を世界に示すことになってしまったあのような事故を防ぐために、もう少し真摯《しんし》な取り組みを行っていたのではないかとも思われます。

右は原発事故という特殊な事故に関するものですが、法的知識の欠如から大きな被害や経済上の損失をこうむるという事態なら、ごく日常的に起こりえます。

次のものも、実際にあったケースです。

「Aさんは、結婚後、新居を建てたいと思い、適当な土地を探していましたが、仲のよい義父から、『何も高い金を出して土地を買うことはない。空いている私の土地を使いなさい』と言われ、好意に甘えて、義父の土地に立派な家を建てさせてもらいました。

それから五年が経ち、いろいろあってAさんは妻と不仲になり、結局別れることになりました。その過程で、義父ともいさかいがあり、お互いに傷付け合うような言葉や行為もありました。妻が実家に帰った後、疲れ切ったAさんの下に、義父から『即刻の建物収去《しゅうきょ》土地明渡し』を求める訴状が届きました」

このような場合、Aさんは、建物を取り壊して土地を明け渡さなければならないのでしょうか？

第3章で詳しく述べますが、答えは、「その可能性はかなり高い」というものです。不動産等の無償の貸借、つまり「使用貸借」は、法的には「非常に弱い権利」なのです。繰り返せば、裁判になれば、和解が成立しない限り、義父の請求が認められ、Aさんは、自宅を取り壊して土地を返還させられることになる可能性が高いのです。

こうした事例はかなりの頻度《ひんど》であり、私自身、知人を介して相談を受けた経験があります。その事例では、夫の第一審敗訴後、控訴審で、夫が相当の一時金を支払った上でその後土地を相場の賃料で賃借してゆくという和解ができたので、建物の取壊しと土地の明渡しについては、幸いにして免れたのですが。

この本の目的

ごく普通の日本人にとって、訴訟や法的紛争は遠いものに感じられると思います。確かに、訴訟の数自体は、欧米に比べれば少ないのです。制度が異なるので正確な比較は難しいのですが、人口比でみた民事訴訟件数は、アメリカでは日本の一〇倍以上、イギリス、ドイツ、フランスでも少なくとも数倍以上にはなりそうです。

しかし、訴訟は民事紛争解決の最終手段であり、いわば氷山の一角です。水面下には、訴訟にまでは至らない膨大な数の法的紛争があり、それは、どの国でもいえることです。また、社会の複雑化、情報化に伴い、普通の市民が思いがけない法的紛争や生活・取引上の危険一般に遭遇する可能性も、非常に高くなってきています。

本書は、そうした事態を踏まえ、普通の日本人が一生の間に経験する可能性のある各分野の法的紛争、また生活や取引上の危険を避けるために、あるいはそれらに適切に対処するために必要な、法的知識や情報を説くものです。また、あわせて、学生や若者をも含めた広い範囲の読者に、個人の危機管理のために必要な法的リテラシーを身につけていただくことをも、目的としています。そのため、記述に当たっては、前提となる基本的な法律論、私の裁判官経験に基づくエピソードや学者としての見解をも織り交ぜつつ、できる限りわかりやすく、正確に、かつ興味深く読めるようなかたちで、語ってゆきます。

本書を通じて「紛争や危険防止のための包括的、体系的な知識」のみならず「個人の危機管理のために必要なビジョンやパースペクティブ」をも習得していただければ、経済的、精神的に大きな負担となる多種多様な法的トラブル、ことに、訴訟に発展するような大きなトラブルを避けられ、また、日常生活上のリスクをも大幅に下げられるはずです。

法的紛争は非常に大変

大学に移る前に長く裁判官を務めた経験からつくづく思うのは、「法的紛争の重さと大変さ」ということです。法的紛争は実に重く、しばしば苛酷です。そして、普通の市民が出あいうる生活・取引上の危険のほとんどが、本書で論じるとおり、法的紛争に発展しうるものなのです。

先の例のAさんは、訴訟に負ければ、何千万円もかけて建てた自宅を取り壊して、義父の土地から出てゆかなければならず、加えて、使用貸借解除が認定された時点以降の賃料相当損害金をも支払わなければなりません。離婚に加えてのこのダメージは、回復不能なものになりかねません。

交通事故で夫を失った妻のかなりの割合が、貧困にあえぎ、子どもの高校進学すらままならない状況に置かれています。刑事事件では、冤罪《えんざい》で、職業や社会的地位を含め築いてきたもののすべてを失う事態が、刑罰としては相対的に軽い痴漢冤罪のようなものについても、十分に起こりえます。不動産売買・建築・貸借、離婚、相続、雇用、投資、医療、海外旅行等の日常生活上の事柄から思いがけない危険や紛争が生じることもままありますが、その被害の法的な回復は、決して容易ではありません。

また、法的紛争、ことにその最終到達点である訴訟は、それ自体の負担という面からみても、きわめて大きなものになりえます。

相続がらみの骨肉の争いを何年にもわたって続けている兄弟姉妹、離婚訴訟の終わりまでに互いに二度と顔も見たくないような関係になる夫婦は、たくさんいます。こうした訴訟における相互の人格を激しく傷付け合う言葉や主張の交換、相手を引き裂きたいほどの憎しみを含んだ視線の応酬には、時として、鬼気迫るものさえ感じさせられることがあります。

医療過誤に基づく訴訟や欠陥住宅に関する訴訟等の手間のかかる訴訟について、適切な弁護士をみつけることができずやむなく本人訴訟を行った人々の中には、長引く訴訟の過程で体調を崩す例もみられます。中には、一夜にして白髪になってしまった、途中で急死してしまったなどといった例さえあります。しかも、そうしたつらい訴訟の結果として得られるのは、しばしば、相次ぐ敗訴判決であり、みずからの主張が裁判所に認めてもらえなかったという苦い思いです。そして、そうした経験からこうむった精神的な傷は、長く尾を引いて残ることになります。

さらに、大きく複雑な紛争を抱えた人の中には、最初の訴訟の結果に納得できず、別の観点から新たな訴訟を起こし、訴訟を繰り返すうちに、とりつかれたように無限ループの中にはまってしまい、人生の大きな部分を浪費するような例も出てきます。

法的紛争は、手間も費用も時間もかかり、何よりも心労が大きいのです。先のような例のとおり、生命や健康に相当のダメージを受ける場合さえありえます。

なお、以上は、あなたが原告ではなく被告になる場合についても、同様にいえることです。訴えることは自由であり、憲法上の権利（三二条）でもあるわけですから、訴えられれば、たとえその訴えが理由のない可能性の高いものであっても、被告には、応訴する義務があり、出廷せず書面も提出しなければ、相手方の言い分を認めたものとみなされて、敗訴判決を受けることになります（民事訴訟法一五九条一項、三項）。

そして、たとえ原告の訴えが不当なものであっても、応訴の心労や手間は、やはり、非常に大きいのです。言いがかりや理不尽な主張であっても、事情を知らない第三者である裁判官にそのことを納得してもらうためには、トラブルの経緯や自己の見解をまとめた資料を用意したり、みずからの主張を裏付けるための客観的な書証《しょしょう》（書面による証拠。たとえば契約書等）を集めたり、証人を用意したりしなければなりません。普通の市民がこれをするのは大変なことですし、弁護士に委任すれば、当然のことながら、相当の出費が必要になります。また、弁護士に委任した場合であっても、すべてを任せられるわけではなく、やはり、説明のための準備や資料の収集は必要です。

こうした訴訟対策に費やされる時間と精神的なストレスは、たとえば簡裁訴訟事件のような小さな事案であっても、非常に大きなものになりえます。また、裁判というものは、結果が明確に予測できるものではありません。時としては、あなたには理不尽なものに思われる相手方の訴えが認められることも、ありうるのです。

紛争・危険防止のための知識・情報の必要性

法律や裁判制度は、民主主義社会の基盤であり、権利の侵害については、司法によるすみやかな救済が必要です。つまり、司法も裁判も、民主主義社会や私たちの市民生活の重要、不可欠な要素なのです。

しかし、一方、避けられる紛争や危険は避けるに越したことはないのも事実です。訴訟を始めとする法的な紛争解決手段は、権利保護・実現のために必要なものですが、先にも述べたとおり、当事者、関係者にきわめて重い負担を課するものでもあるからです。

医療については、治療とともに、それに先んじる病気の予防が重要であるのは、理解しやすいでしょう。法的紛争とその救済についても、同様のことがいえます。その治療、つまり法的な解決とともに、それに先んじて紛争や危険を避けること、予防が重要なのです。

また、日本固有の事情としての、法的システム全体の弱さという問題もあります。残念ながら、日本の裁判システムはなおさまざまな問題を抱えており、原告・被告とも、訴訟に対する満足度はあまり高くはなく、時間と費用を費やしても十分に納得できる結果が得られるとは限らないというのが実情です。

さらに、普通の市民の出あう法的紛争のうち小さなものについては、弁護士が扱ってもペイしない、金銭的に引き合わないものが多いことも、否定できません。そうした紛争に弁護士がかかわるには法律扶助制度の充実が必要なのですが、これについては、日本は、国際的にみても明らかに後れをとっており、第9章でふれる法テラス制度でようやく小さな一歩を踏み出したところというのが実情です。日本の民事訴訟件数が相対的に少ない理由の一つは、このことにあります。

本書の構成

法的紛争・危険を防止するためには、個別的、断片的な知識・情報も必要ですが、第1章でも論じるとおり、より重要なのは、それらの基盤になる法的なものの考え方や感覚を身につけることです。それが身についていさえすれば、個別・断片的な知識・情報を超えた範囲の事柄についても、おおむね適切に対処することができるからです。

第1章では、右のような観点から、第2章以下で個々の分野について紛争・危険防止のための知識・情報を説いてゆく前に、その前提、総論として、「予防法学」というコンセプトとその基本的な内容について論じます（「予防法学」という言葉自体は古くからありますが、本書におけるその内容は、私なりのものです）。

その上で、第2章以下では、各法律分野、あるいは社会生活上の局面ごとに、順を追って、その分野、局面でどのようなことが問題になるかを説き、それについて考えるための基本的な法律論等をも交えながら、紛争を避けるために必要な実際的知識を網羅してゆきます。

具体的には、まず、第2章で、遭遇することが最も多く、結果も重大なものとなりがちな交通事故関係につき、損害賠償の実際と過失相殺《かしつそうさい》、危険性の高い行為、保険の内容、事故対応、保険会社との交渉、訴訟等の事柄を、基本的な前提知識をも確認しつつ論じます。第3章では、民事訴訟の数が非常に多い「不動産関連紛争」一般につき、使用貸借と賃貸借、土地・建物購入、建物新築と欠陥住宅紛争、競売《けいばい》物件、隣人間紛争等の各側面から説きます。第4章では、痴漢冤罪を含め、刑事事件関係全般について、若者や子どもをも含めた普通の市民が注意しておくべき事項について述べます。第5章では、親族法の領域につき、離婚事由や手続、これに伴う各種の給付・親権者指定、夫婦間の子の奪い合い、国際結婚、不貞慰謝料等の事柄を語ります。第6章では、近年非常に紛争の増えている相続法の領域につき、相続人と相続分、相続放棄、各種の遺言《いごん》、遺産分割、遺留分《いりゅうぶん》侵害額請求、相続税対策の落とし穴等の事柄を、いずれも、できる限り詳しく、わかりやすく、また、正確に解説します。ことに第6章は本書の大きな目玉であり、具体的な例についてのかなり突っ込んだ記述をも含みます。相続法は近年大改正された分野の一つであり、また、読者にとっての必要性も高いと思われるからです。もっとも、難しいと感じられた方は、そうした部分はとりあえず後回しにして、次に進んでいただいてかまいません（なお、親族法、相続法は、合わせて「家族法」と呼ばれることも多く、本書でも、その趣旨で「家族法」という言葉を用います）。第7章と第8章では、それ以外の多様な紛争・危険防止策について、前者では、雇用、投資、保証といった経済取引の、後者では、医療、日常事故、いじめ、海外旅行、高齢者をねらった犯罪といった日常生活上の紛争・危険の各観点からくくった上で、重要と思われる事項をピックアップしてゆきます。

以上で、普通の日本人が一生の間に出あう可能性のある紛争については、ほぼ網羅的にカバーしていると思います。もっとも、分野ごとの難しさ、最低限知っておくべき事柄とその重要性等にはかなりの相違があるので、平板な記述は避け、興味深く読めるように、また、結果として系統的な知識が頭に入るように、工夫しながら論じてゆきます。なお、対立当事者双方の側から同じ問題を論じる場合もありますが、それは、読者がいずれの側にも立ちうるからです。

最後の二章のうち第9章では、紛争が起こってしまった場合の対処方法について簡潔に述べ、終章では、締めくくりとして、「私なりの予防法学すなわち個人の危機管理」の先にある「社会と国家の危機管理」の問題について、やはり簡潔にふれたいと思います。

それでは、イントロダクションはこのくらいにして、本論に入りましょう。

目次

第5章　離婚、子ども、不貞——家族にかかわるトラブル　115

第6章　相続をめぐる「骨肉の争い」とその予防策——　147

第7章 雇用、投資、保証 ――経済取引関連紛争 193

第8章 日常生活にひそむ危険 ――医療、日常事故、いじめ、海外旅行、高齢者詐欺 219

第1章　法的紛争防止のために必要な知識と法的感覚

——予防法学のすすめ

「法の無知」から生じる日本の法的紛争

日本の民事訴訟の多数、ことに判断の難しい込み入った事実関係の訴訟は、法に関する無知にその原因のあることが多いといえます。この点は、たとえば欧米とは異なっています。欧米の民事訴訟は、日本のそれに比べれば、型にはまっていて、審理や判決も比較的簡単なものが多いのです。

それに対して、日本の民事訴訟には、きわめて込み入った、複雑で理解しにくいものが多いのです。なぜでしょうか？

欧米には珍しいこうした訴訟が多い背景には、日本社会におけるリーガルマインドの欠落、不足があります。欧米では考えにくいようなあいまいな内容の契約が結ばれたり、契約書の内容がその実際とは大きく異なっていたりすることが、しばしばあるのです。契約の時点から双方の認識があいまいだったり、大きく食い違っていたりするわけですから、紛争が起きれば、泥沼化することは避けられません。そして、裁判となれば、「そもそも紛争の本質がどのようなものであり、それをどのように法的に構成したらいいのか」というところから始めなければならないのですから、複雑な訴訟になるのは当然なのです。

つまり、日本人の法的な意識や感覚と近代法のそれとの間には、今なお大きな「ずれ」

があり、その意味では、残念ながら、日本人の相当部分は、未だ十分に近代的な法的感覚、法意識をもちあわせてはいないともいえるのです。

したがって、日本人の多数派は、法的紛争・危険防止のための知識・情報についてそれほど関心がありませんし、たとえあってもそれは断片的なものであって体系化されておらず、個別的な知識の範囲を超えた事柄には対処しにくいのです。

そして、こうした事態は、一般市民のみならず、しばしば、いわゆる知識人や経済人についてさえ当てはまります。

たとえば、まえがきに掲げた、義父の土地を使用貸借してそこに自宅を建築したことから生じた紛争の防止策は、「土地を借りて家を建てるような場合には、親族間であっても、きちんと賃貸借契約を結んでおくこと」です。

これは、対策ともいえないようなきわめて初歩的な事柄です。にもかかわらず、日本人でその必要性に思い及ぶ人はごくわずかであり、たとえ思い及んでも、「親族間で契約なんて水くさい。言い出しにくい。それに、ただで使えるのに相場の賃料を支払うのももったいないよ」と考えて、そのまま家を建ててしまうのが普通でしょう。

結果として、紛争が起こり、最終的に訴訟になると、使用貸借の解除を許すほどの信頼関係の破壊があったか否かをめぐって、相互に事細かな主張立証をしなければならないことになるわけです。

　それでも、契約の内容が土地の貸借のようなわかりやすいものであればまだいいのですが、より込み入った、あるいはあいまいなものであると、どうしてこんな紛争になったのか、どう理解し、どう法律構成すれば訴訟にでき、かつ勝てるのか、あるいは判決ができるのかについて、弁護士や裁判官さえ、頭を悩ませ、首をひねらなければならないような事案が出てきます。

　まとめると、日本の民事訴訟には、最低限の法的知識、最低限の自己責任の感覚、最低限の適切な注意さえあれば未然に防ぐことのできた紛争が、非常に多いのです。そして、そうした紛争の中には、感情がからんでいたずらにこじれたり、あるいは詐欺師的な人物の介入を許したりして、紛糾《ふんきゅう》をきわめるものもままあります（なお、いうまでもないとは思いますが、本書でいう「自己責任」は、近代社会、近代法の共通原則としてのそれであって、近年よくいわれる「弱者叩き的な自己責任論」とは全く関係がありません）。

　日本人は、本来、個人的なレベルでは慎重なはずの民族であり、争いを好まないし、裁判という、みずからの行為の理非が証拠と論理によって垂直的に裁断される事態についても、避けたいと考える人が多いはずです。にもかかわらず実際には日本の民事紛争・訴訟が先のような事態になっていることを考えるなら、以下に述べるような意味での「予防法学」（私なりの定義による予防法学）の必要性、重要性は大きいと思われるのです。

実際、私は、日本の平均的な市民が本書に記されるような事柄を具体的に理解し、身につけていたら、おそらく、民事訴訟のうち本格的に争われる事件の少なくとも何割かは、提起されずにすんだのではないかと思います。

予防法学とは

つまり、法的紛争全般の防止のためには、個別的、断片的な知識だけでは不十分なのであり、それらを統合するような一つの視点、法的感覚、基本的なリーガルマインドが必要なのです。

この章では、第2章以下で個々の分野について紛争・危険防止のための知識・情報を説いてゆく前に、その前提、総論として、右のような法的感覚、リーガルマインドを身につけるための「予防法学」というコンセプトとその基本的な内容について論じます。

人々と法の関係については、「司法への市民参加」とともに、「法教育」の必要性が、たとえば法学者、法務省、日弁連（日本弁護士連合会）等によって説かれています。しかし、後者の内容として挙げられている事柄はかなり抽象的、一般的であり、たとえば高校までの教育で法や司法について教えられる事柄をある程度具体化したものという域を超えていません。したがって、ごく普通の日本人あるいは学生が生き生きとした興味をもてるようなものであるかどうかは、いささか微妙でしょう。

民事系の裁判官を長く務めた学者として、私は、これから社会に出てゆく学生、若者を含む人々にとってまず必要でありかつその必要性を実感をもって理解しやすいのは、人々がみずからを紛争から守るための法的知識や感覚、そうした意味でのリーガルマインド、法的リテラシーを身につけることではないかと考えます。ところが、従来の法教育は、そうした分野をほとんどカバーしていません。そこで、私は、そのような意味でのリーガルマインド、法的リテラシーを、「予防法学」という言葉で呼びたいと思います。

予防法学の総論的事項

本書の全体が予防法学、すなわち紛争・危険防止のための法的知識・リテラシーについて説くものですが、この章の以下の部分では、第2章以下の各論的事項に先立ち、まず、予防法学の総論的な事項について、述べておきます。

（1）権利、所有権、契約、そして証拠による裁判

「権利」という言葉は子どもでも知っていますが、実は、幕末から明治初期に定着してい

った訳語です。つまり、それ以前の日本には「権利」という包括的な観念は、ないか、あっても未発達でした。こうした歴史的経緯から、今でも、日本人の権利意識には「薄い、弱い部分」があります。

一つ例を挙げてみましょう。やはり使用貸借がらみですが、まえがきに挙げたのとは別の事案です。

Bさんは、義父の土地を使用貸借して、そこに建物を建てて商売をしていたのですが、その建物の登記は、義父名義にしていました。その理由ははっきりしないのですが、税理士のアドバイスによる「税金対策」ということのようです。しかし、義父が亡くなった後に、その遺族ら（もちろんBさんの妻は除きます）が建物の名義を義母に移したいと言い出したことから、親族間に激烈な争いが始まりました。

所有権という「権利の代表格」の権利についてさえ、こうしたいい加減な処理が行われることは、結構あります。こういう場合、権利の所在はあいまいで、双方の認識が食い違っていますから、最後には紛争になることが多いのです。

建築主であったBさんは自分の訴訟（建物所有権移転登記手続請求訴訟）では、建築請負契約書、領収書等によって自分がその所有者であることを証明できたので、建物の所有権登記を自己に移させることができます。

しかし、土地については義父からの使用貸借ですから、契約に定められた目的に従い使用収益をするのに足りる期間（民法五九八条一項。これは、まえがきに挙げたAさんの「信頼関係破壊による解除」の例とは違いますから、第3章の使用貸借の箇所でふれるとおり、かなりの長期間にはなりますが）経過後に、土地の持分の過半数をもつ先の遺族らから使用貸借契約を解除され建物収去土地明渡請求を起こされれば、今度は、建物を壊した上で返還しなければならなくなるのです（前記の条文と民法二五二条一項が関係条文になります）。

つまり、どちらにとっても痛みを伴う結果になります。私は、そのことを説いて双方に和解をすすめ、弁護士レベルではほぼ固まりました。

けれども、Bさんは、「法律では裁判官のいわれる経過になることはわかるが、そのような法律のあり方に納得がゆかない」ということで、結局和解は成立しませんでした。結果として、この事件ではBさんは勝訴し、建物の所有権登記を自己に移させることができました（拙著『ケース演習　民事訴訟実務と法的思考』〔日本評論社。以下、『ケース』と略します〕の15事件。これは専門書ですが、事件の詳細、判決の内容とその解説〔事案に関して読者用に掲げられた問題の解答・解説〕を読みたいとお考えになる読者のために、一応出典を挙げておきます）。しかし、前記のとおり、後に相当期間の経過による土地使用貸借解除に基づく建物収去土地明渡請求を提起されれば、敗訴を免れないでしょう。

Bさんの言い分、ことに心情は、わからないではありません。しかし、紛争の根本原因が、建物の登記を他人名義にしておいたことと土地を使用貸借によって借りていたことにあるのを考えるなら、近代法の論理からすれば、到底通らない言い分ということにならざるをえないのです。

次に、権利義務発生の根拠となる「契約」についても、やはり、日本人の意識には「薄い、弱い部分」があります。

たとえば、契約はしたが口約束なので双方がどういう意図で契約したのか明確に意識されておらず、あるいは大きく食い違っており、契約の解釈をめぐる紛争になる例がままあるのです。例を挙げれば、金は渡したが貸金だったのか贈与だったのかがあいまいであとからもめる（拙著『民事裁判入門——裁判官は何を見ているのか』〔講談社現代新書〕一八〇頁以下）、売買のはずなのになぜか金銭貸付けの契約書が作られていてあとからもめるなど、枚挙にいとまがありません。

こうした例でも、突き詰めてゆくと、そもそも契約時の双方の意識からしてはっきりせず、間接的な証拠や事実の積み重ねから推測してゆくしかないことが多いのです（前記のとおり、こうした事態の結果、日本の民事訴訟は、わかりにくく複雑なものになりがちです）。

以上のような紛争について、皆さんは、「自分はそんなおかしなことはしない」と思われるかもしれません。しかし、私が法廷で出あったこうした紛争の当事者には、教師や大企業のビジネスパーソン等、十分な教育を受けたはずの人々も含まれています。人生の中でまれにしか出あわないそうした機会に、たとえば、「こうしておくと税金対策になりますよ」みたいなことを、相手や関係者からいわれると、「つい何となくそうしてしまって、あとから大きな紛争になる」、そういう例が、日本ではなお非常に多いのです。

これらの紛争は、いずれも、近代法の基本中の基本である「権利、所有権、契約」等の意味や機能、重大性をはっきり認識していないこと、また、ダブルスタンダード、二重基準を許す「あいまい文化」、総体としての法意識の弱さなどからくる問題なのであり、欧米ではあまりないタイプの紛争です。もっとも、当事者が日本人ではなくとも、アジア系だとやはりこういうことはある（時にはよりはなはだしい）ので、「アジア的紛争形態」ということもできるかもしれません。

そこで、契約や約束事一般、所有権等の権利に関しては、次のような点に気をつけ、肝《きも》に銘《めい》じておくことが大切です。

① 契約に当たっては、最低限、重要事項を契約書にまとめる。相手が作成した契約書の場合には、その内容を確認し、説明を受ける。

② 気がせく場合でも、契約をあせらない。ことに、契約すると同時に大金を支払うよう

な場合には、その前に、契約内容に本当に問題がないかをよく検討してみる。また、場合によっては、信頼のおける第三者、あるいは弁護士等の専門家と相談する。

③ 署名押印をしたり、人に名義、名前を貸したりすれば、必ず何らかの法的責任を問われるおそれがあることに注意し、安易にこれを行わない。

④ 実際の約束は書面とは違っていた、あるいは登記とは違っていたといったたぐいの弁解は、近代法の世界では原則として通用しないのを知っておく（外国人や外国企業との取引では、ことにそういえます）。

⑤ 書面の作成されていない約束について法的な手段に訴えるのは難しいのを知っておく。

①、⑤について補足すると、近代の訴訟は、大岡裁きとは異なり、法の支配の下に、客観的かつ公平に、また、証拠によって判断されますから、「証拠がなければ勝ちにくい」のです（その意味では、法にうとい人にとっては、「非情」な側面も出てきます）。ことに、客観的な書証（となるべき資料）とそれらに関する的確な説明が、何にもまして重要です。ですから、最も重要ないくつかの書証について「これはこう書いてあるけれど、本当は違っていて、別の趣旨だった」などといちいち説明してゆかなければならない主張は、立証にかなりの困難を伴うことになります。

以上のとおりですが、法律家である私としては、書面や事柄の外見とその真実の内容の乖離《かいり》を容易に許す法的文化、つまり、「建前・本音の二重基準文化《ダブルスタンダード》」の土壌自体を、子どもや若者に対する教育によって変えてゆかなければならないと考えています。

（2）誤った性善説

性善説それ自体に悪いところはありません。しかし、人間存在をリアルな目でとらえない、そして、自己責任の感覚をもたない、悪い意味での「甘えの構造」に基づいた「誤った性善説」は、法的紛争の原因になり、また、それをこじらせる原因にもなります。

日本人は、欧米の場合一般と比較すると、「人の言葉を確かな根拠もなく信じてしまいやすい人々」であると思います。私は、法廷で、原告や被告から以下のような言葉を何度となく耳にしたものです。

「約束の根拠を問うこと自体が相手を疑うことであるから根拠は問いませんでした。契約書を作ること（極端な場合は領収書をもらうこと）自体が相手を疑うことであるから契約書は作りませんでした（領収書ももらいませんでした）。私の主観かもしれませんが、相手を信頼できると思っていましたから」

しかし、私は、長年の民事系裁判官としての経験から、こうした主張は疑わしい場合もかなり多いと考えています。証拠上認定されるそのほかの行動においてもずさんで、記憶も正確でなく、供述は意味がとりにくくあいまいで自己弁護的、そして、自己には甘くて相手の欠点は決して見逃さない、そうしたタイプの人が前記のようなことを言う場合のほうが、誠実な人が言う場合よりも、割合としては多いのです（付け加えれば、本当に誠実な人がだまされた場合には、右の「そのほかの行動においてもずさんで、記憶も正確でなく、自己には甘くて相手の欠点は見逃さない」といった要素は否定されるので、両者の区別は証拠上もちゃんとつくのです）。

つまり、安易に人の言葉を信用して、あるいは自分に都合よく解釈して、その根拠を問わない「誤った性善説」は、紛争の原因になりやすいし、近代法の要求する「個人としての自己責任の感覚」をも見失わせやすいのです。ヨーロッパの童話に、主人公の、「年長の偉い方であるあなたを信用しないわけではありません。でも、そういう方が相手でも、疑問に思うことは問いただし、契約や取引はきちんとしておくようにと、父からいつも言われていましたから」という言葉が出てきて、「おお、そうだよね」と思ったことがあります。これが、近代的個人の正しい態度であり、「誤った性善説」の対極にあるものでしょう（日本の童話や民話にはまず出てこない種類の言葉であることは、おわかりでしょう）。「誤った性善説」は、「物事をあいまいなままにしておく性癖」同様、予防法学においてまず克服されるべき事柄です。

哲学者・思想家の鶴見俊輔は、「私は、『だまされた』という言葉を安易に使う人がきらいだ」と言っています。これは、厳しい言明ですが、右のような事柄の本質をついたものでもあります。

人の言葉を信用するのは、基本的には自分の責任です。言葉をかえれば、良識のある大人であれば、「だまされた」という言葉を安易に口にすべきではありません。それは、相手が親族、知人等親しい人間の場合でも同様です。

もっとも、これは、法的なレベルにおいて「だまされるほうが悪い」という意味ではありません。「だまされたという言葉を安易に用いない心がけが紛争を未然に防ぐ」ということなのです。

なお、付け加えれば、私自身は、性善説も性悪説もとりません。法律家としての経験や得てきた教養から、人間は、善でも悪でもありうる非常に複雑な存在であり、一義的に割り切れるようなものではないと考えています。

予防法学各分野の具体的内容

予防法学というとややいかめしく感じられるかもしれませんが、以上のとおり、端的にいえば「法的紛争を防ぐための知識、知恵、法的リテラシー」のことを指します。また、法的知識といっても、専門書に書かれるような難しい内容ではなく、普通の市民にも十分に理解できる事柄です。

しかし、先に述べた「所有権」や「契約」の例からもわかるとおり、日本人にはこうした法的常識ないし感覚が欠けていることが多いのです。

さて、予防法学で最も大切なのは、法的リスクの把握です。第2章以下の各論で具体的に詳しく説明してゆきますが、予防法学では、以下の三つの視点が重要です。

① 法的リスクの把握
② 法的リスク予防・軽減のために注意すべき事柄
③ 法的リスク発生後の対応

使用貸借紛争を例にとれば、①は、使用貸借の法的な性格、ことにその権利としての弱さを知っておくことであり、②は、重要な土地・建物の貸借については賃貸借とし、契約書も作っておくことであり、③は、争いになった場合でも、感情的になって紛争をこじらせず、場合により専門家の助言や協力をも得ながら、早期の和解をすることでしょう。

訴訟があまり一般的なものではない日本では、ほとんどの人が、法的リスクをあまり意識していません。しかし、私たちの日常生活は実際には常に法的リスクと隣り合わせなのであり、運が悪ければ、誰でも、大きな法的責任を背負う可能性があるのです。

たとえば、交通事故を例にとると、過失により特別な高額所得者を死傷させたり、原発等の特殊な施設に納入する重要部品を運搬しているトラックとの衝突物損事故を起こしたりすれば、億単位、悪くすれば一〇億単位の損害賠償責任を負う可能性があります。酒酔い運転やあおり運転等により「危険運転致死傷罪」（いわゆる自動車運転処罰法二条、三条）で逮捕されれば、実刑判決を受ける可能性が非常に高いです。後者のような例では、勤務先からも退職しなければならなくなって、経済的な基盤をも失うことになりかねず、一家離散等の家庭崩壊をも招きうるでしょう。

自動車の運転にはこうした大きな法的リスクが伴うことを理解していれば、自然に安全運転を心がけるようになりますし、万が一の事態に備えて手厚い自動車保険に入っておくことにもなるでしょう。潜在的な法的リスクを正しく把握し、それを避ける心構えをもっていれば、泥沼のような法的紛争や一家離散のような悲劇にあわずにすむのです。

第2章以下の予防法学各論では、前記①ないし③の視点から、それぞれの分野で必要とされる法的知識、基本的な法律論、関連する制度上の問題等について解説してゆきます。ただし、いちいち①ないし③の視点からする項目分けをすると煩瑣《はんさ》になりますから、それらを念頭に置きつつ、適宜、重要な事柄を、興味のもちやすいようなかたちで、論じてゆきたいと思います。

第2章　交通事故

――不測の事故で人生を失う危険

交通事故の損害賠償額は驚くほど小さい

最初に一つ質問をしてみましょう。

「あなたやあなたの配偶者、父母、子どもが交通事故にあった場合、常識的にこうむると思われる損害額のほぼ全部が賠償されると思いますか？」

答えは、「全くそうではない」です。

やや古い数字になりますが、二〇一二年度の内閣府の統計によれば、死亡事故における自賠責保険（強制保険）、任意保険の各支払額の平均は、それぞれ約二四〇〇万円と三六〇〇万円です。合わせて六〇〇〇万円ということですね。これは、おそらく現在でもさして変わらないはずです。少ないでしょう？

なぜ、そういうことになるのでしょうか？

それは、① 交通事故事案における損害賠償額の算定基準が定型化されていて、それぞれの項目の算定方法や相場が決まっていること、また、② 損害の大きな部分となる逸失《いっしつ》利益（将来の失われた収入）や重大な後遺障害のための介護費については、いずれも中間利息が控除されるところ、これは法定利率（二〇二三年二月現在年三パーセント、かつては実に五パーセントでした。民法四〇四条）に基づくため、こうした主要項目の金額が非常に小さなものとなってしまうこと、さらに、③多くの事案では被害者側にも過失があるとされて、その割合に応じた損害賠償額の減額、すなわち過失相殺（民法七二二条二項）がなされるところ、この割合が相当に大きくなる場合が多いこと、によります。なお、②の「中間利息の控除」というのは、本来であれば将来受け取るはずの金額を現在の時点で一括で受け取るのだから、その間の利息を差し引くというものです。

種々問題のある逸失利益算定、大きな中間利息控除

逸失利益、介護費についていえば、最も問題が大きいのは、前記②の法定利率による中間利息控除でしょう。これは、現在の時点で一括で受け取った金銭の運用により実際に利益を上げることができるなら、合理性のある制度です。しかし、実際に金銭を運用する場合でも法定利率の利益を毎年コンスタントに上げるのは非常に難しい上、先の金額を見ればわかるとおり、たとえば死亡事故では被害者の遺族がしばらくのうちにそれを使い切ってしまうことも明らかであり、そもそも「運用利益」などありえません。事故当座の特別な出費だけでも、かなりの金額になることが多いわけですから。それにもかかわらずの中間利息控除なのです。

また、収入額については、それが一定ではない職業の年収額は徹底的に争われることに

なりますし、確定申告における申告収入額が実際より小さい場合にも同様です。いわゆる自由業の場合には不利ということです。私自身は、こうした場合でも、緻密な立証があれば相当の年収額を認めていましたが、それは裁判官によります。

私の判決の例（『ケース』22事件）は、ある県で三本の指に入るといわれた腕利《うでき》きの新聞販売拡張員の死亡事故に関するものでしたが、被告は、まさに重箱の隅をつつくような事細かな争い方をし、証拠からは、年収として八六〇万円を認定するのがやっとでした。確定申告の収入額はこれよりもかなり低かったのですが、細密な事実認定を積み上げて、どうにか先のような金額を算出したわけです。実際には、年収一〇〇〇万円を超えていた年もあったかもしれません。

さらに、職業をもたない高齢者の場合、逸失利益は認められず、介護費も平均余命で機械的に決められますから、全体の賠償額は、本当に、あっというほど小さくなってしまいます。ですから、年齢が高ければ高いほど交通事故にはよくよく注意すべきなのであり、同居の家族もまた、注意を怠らないようにする必要があります。

なお、介護費や逸失利益については、一時金請求でなく将来にわたる毎年の定期払い（中間利息控除がなくなる）で請求する余地もあります。しかし、これには、被告や保険会社の資力に問題が生じると原告がそのリスクを負うことになるなどの短所もありますから、弁護士と相談して考えるほうがいいでしょう。

無情な過失相殺

前記③の過失相殺の基準も問題です。これについては、東京地裁交通部の裁判官たちが作成したマニュアル（東京地裁民事交通訴訟研究会編『民事交通訴訟における過失相殺率の認定基準〔全訂5版〕』別冊判例タイムズ38号）が、交通事故損害賠償実務ではよく使われています。

これは、多数発生する交通事故の過失相殺について、担当する裁判官により過失相殺率にばらつきが出てしまうのを防ぎ、一つの基準を示すために作成されたものでしょう。その性格からすれば一部の裁判官の作成した過失相殺の目安にすぎないのですが、裁判実務を含む実務では広く参照されているわけです。

このマニュアルによれば、事故に関係する事実を、事故の発生状況のパターンのどれかに当てはめ、また修正要素で調整することで、過失相殺の率が簡単に導き出せます。

しかし、このマニュアルでは、被害者の側の一つ一つの過失が細かく加算される仕組みになっているので、最終的に導き出される過失相殺率は、通常人の常識的な感覚からは離れたものとなりやすいのです。

一例を挙げて説明しましょう。

たとえば、あなたが、道路横断中に自動車にはねられる事故にあったとします。その事故に関して認定された事実は、夕方暗くなってから、横断歩道や交差点が近くにない広い道路を横断し、途中で立ち止まったということであったとしましょう。

交差点や横断歩道が近くにない道路横断というパターンでのあなたの過失は、基本が二〇、修正要素として、夜間が五、幹線道路が一〇、途中で立ち止まったことが一〇といったところで、合計実に四五パーセントになります。なお、横断者が児童、高齢者の場合にも以上から五パーセントマイナスになるだけ、幼児や身体障害者でさえ一〇パーセントマイナスになるだけです（前記のマニュアルの37表）。

この過失相殺率が示唆しているのは、端的にいえば、「横断歩道や信号が近くになくてもそこまで歩かないで渡ったら、めいっぱい過失相殺しちゃうからね」ということです。このように、無機的な数字の羅列にも「隠されたメッセージ」があり、その背後には、「被害者にあまりやさしくない価値判断」があるわけです。

ですから、このマニュアルをただ機械的に適用するのではなく、事故において加害者と被害者が実際にとった一連の具体的な行動、車両のスピード、事故の起こった具体的な場所や時間帯等の客観的な事実を総合的に考慮して適切な過失相殺率を導き出し、被害者を含め当事者双方の納得できる解決に導くのが、弁護士や保険会社、また裁判官のあるべき姿なのです。しかし、実際にそれができる人はさほど多くはなく、機械的な基準を機械的に当てはめて結論を出そうとする人のほうが多数派でしょう。なお、学者についても似たような傾向はあります。

私自身は、先のマニュアルに基づく計算も一応試みてはいましたが、それはあくまでも一つの参考としてであって、実際には、その事案に現れた各種の具体的な事実について自分なりに慎重な重み付けをしながら過失相殺率を決めており、その割合は、先の基準を機械的に当てはめた場合、あるいは過去の裁判例のそれらよりも小さくなることが多く、時には大幅に小さくなることもありました。

その典型例が、深夜に、周辺が非常に暗くなっている片側一車線の駐車禁止規制のある道路上に、車両後部が汚れて発見のしにくい大型トラックが車道部分に大きくはみ出して駐車されていたところ、バイクがこれに衝突して、その運転者が死亡した交通事故の事案です（バイクは正確には「自動二輪車」ですが、本書では日常語の「バイク」を使います）。

それまでの判例の傾向は、駐車車両衝突事案では基本的に衝突した車両の運転者の過失が大きいものとみて、六、七割以上の大幅な過失相殺を行うものでした（なお、前記事故のバイク運転者の両親は、当初、警察からも、「この事故では息子さんのほうが加害者です」と告げられ、ショックを受けたとのことでした）。

けれども、こうした事案は、一般的な交通事故の場合のように双方について基本的な過失割合を想定できるものではないと思います。運転者からみての障害物の放置責任という責任の実質を見据え、通常の事故の場合以上に前提事実を細かく確定、分析した上で、適切な過失相殺の割合を考えるべきでしょう。具体的には、昼間に路側帯からわずかにはみ出した状態の駐車車両に追突した場合であればともかく、先の事案では、駐車車両側の落ち度が明らかに大きいわけですから、過失相殺の割合は小さくてしかるべきです。

私は、その事案におけるバイクの過失割合を三五パーセントとし、その判決は、複数の判例雑誌に掲載され、新聞でも大きく報道されました（千葉地裁二〇〇一年〔平成一三年〕一月二六日判決。『ケース』23事件）。高裁でも維持されています。

しかし、この判決後の前記マニュアルの改訂版（全訂4版）では、私の判決をも意識してか、こうした事案における算定表が新たに追加され、その算定表（185表。なお「全訂5版」では234表）では、追突したバイクの基本過失割合は何と一〇〇パーセントとされています。そして、駐停車禁止場所でも、これから一〇パーセントマイナスになるだけです。ということは、たとえば、道路に大きな冷凍庫が放置されていたために追突事故が起こったような場合でも、やはり、追突車両の基本過失割合は一〇〇にするということなのでしょうか。これは、ほとんどブラックジョークであり、まるで、裁判官ではなく保険会社が作成したマニュアルのようです。そして、私の先の判断は、今でも孤立した判例のままとなっています。

なお、被害者に既往症がある場合には、それが損害の発生にかかわっているとして素因《そいん》減額がなされえます。したがって、そのような既往症（たとえばヘルニア）のある人は、交通事故には特に注意する必要があります。

また、性格的に繊細な被害者の中には、通常の場合よりも事故による症状が重くかつ長引く例が時にみられます。しかし、これについては、被害者の心理的要因によるとして、その症状に見合った損害を認めてもらいにくいことが多いのです。人間の身体・精神のメカニズムは複雑ですから、事故と後遺症の因果関係についても未だよくわからない部分が多々あるのですが、その「よくわからない部分のリスク」はおおむね被害者が負わされているのが現実なのです。

交通事故損害賠償について考えてみるべきこと

以上のとおり、交通事故損害賠償に関する考え方が、保険会社はもちろん、法律家においても、一般的にいえば被害者に決してやさしくないことが、おわかりになったかと思います。しかし、交通事故という現在の世界では誰もが出あいうる類型の事故に関する損害賠償なのですから、私は、本来、損害賠償の原則どおり、被害の適正で完全な回復をめざすべきだと考えます。

これは、社会的なリスク負担の問題でもあるのです。つまり、交通事故のリスクを、被害者に負わせるか、加害者、また保険会社とその総体としての利用者に負わせるかという問題です。私は、この負担は公平であるべきだ、つまり、被害者の被害のより適正で完全な回復をめざす一方、加害者、保険会社とその総体としての利用者には現在よりも重い負担を負ってもらうべきだと思います。しかし、そうすれば任意保険の保険料は当然に高くなり、保険会社のみならず、自動車メーカーも黙ってはいないでしょう。対人賠償の保険金額を「無制限」に設定していない場合には、加害者もまた、大きな負担を背負うことになります。

誰もが加害者にも被害者にもなりうるこうした重大な社会的問題は、民主主義社会であれば、本来なら、「社会全体でよく考え協議した上で、それに関する適切なルールや基準を決めてゆくべき問題」の一つといえます。けれども、残念ながら、そうした社会的議論が十分に行われている国も、自動車事故損害賠償額の基準が完全賠償に近いかたちで設定されている国も、限られているというのが現実です。

つまり、日本を含め多くの国々では、右のような問題（交通事故損害賠償）に関する社会の判断のはかり、基準は、被害者に厳しく、加害者、保険会社とその利用者には甘く設定されており、また、そのような問題の存在や基準の妥当性自体について意識している人々もきわめて少ない、ということです。

読者の方々には、こうした問題についても考えていただければと思います。

ころばぬ先の杖——安全運転のすすめ

これについては、重要な事柄ですから、一般的な注意事項に裁判官としての経験に基づく知識をもまじえながら、特に注意すべき事項をいくつか具体的に紹介します。あたりまえと思われることも含まれるかもしれませんが、現実には、これらが正しく実践できている人は、決して多くはないのです。安全運転教本のような詳細な記述は控えますが、安全運転についていくつか基本的なことを知っておく、確認しておくだけで、事故のリスクを大幅に減らすことができるのは事実です。

① 事故の多い時間帯・場所等

まず、最も事故の多い時間帯は、午後五時から八時までの「薄暮時間帯」であり、ことに、一〇月から一二月には、この時間帯の事故が多いです。そして、事故の内容としては、歩行者が道路横断中に自動車にはねられる場合が、昼間はもちろん、夜間に比べても多いのです。態様としては、左側から進行して来る車にはねられる例が、ことに高齢者で目立ちます。たとえば、右側から来る車が止まってくれた場合に、左側の確認を怠ってあわてて渡ろうとして事故にあうといった例が典型的です。なお、最後の点は、車が駐車場から車道に出る場合や狭い道から広い道に出る場合に、一方の側ばかり見ていて、最後に他方の側の確認を忘れるといったかたちで事故が起こる原因ともなります。

ここで思い出していただきたいのが、すでに紹介した、道路横断事故の場合における歩行者の過失相殺率の高さです。注意してください。

また、この点につき、海外では、かなりの国で、「横断歩道以外の場所でも、道路を渡ろうとしている歩行者がいれば、車のほうが止まって渡らせてあげる」のが基本的なルールです。私は、日本でもこのルールをとりいれるべきだと思います。人口過密、車過密の地域が多い日本では、歩行者軽視の慣行が歩行者横断事故の大きな原因となっている可能性が高く、したがって、このルールの必要性は、海外の場合以上に高いのですから。

日本人の運転マナーは、全般的にみればかなりよいほうなのに、この点だけが昔のままなのは、本当に残念です。

付け加えれば、日本では、横断歩道を渡ろうとする歩行者がいても一時停止しない車さえありますが、これにはもちろん罰則があります（道路交通法三八条、一一九条一項五号）。

運転者からみて注意すべき場所は、右のような横断歩行者のいる可能性の高い場所以外では、交差点とカーブです。また、追突にも注意すべきです。玉突き衝突等、意外に大きな事故になる例があります。

なお、シートベルトは、前方座席ではしない人はまずいないと思いますが、後方座席の場合にも、していないと、死亡事故につながるのみならず、身体が投げ出されて前の座席の人にまで傷害を負わせる原因になるので、運転者が着用を確認しておくべきです。

また、最近気になるのは、明るい市街地でも常にライトを上向きにしている車がかなりあることです。暗い道では照射距離の長くなる上向きが適切ですが、その場合でも、対向車（自転車を含む）や直前の先行車があるときは下向きにすべきです。交通量の多い市街地でも下向きが適切です（警察庁サイトの「ハイビームの上手な活用で夜間の歩行者事故防止」参照）。上向きライトは目くらましによる事故の原因となりえ、その場合には過失の一つとして評価されうると思います。ライトの向きは、状況に応じて適切に切り替えましょう。

② 大事故になりやすい速度超過

運転者の過失の関係では、前方や周囲の不注視が事故の原因になるのは当然ですが、速度超過にも大いに注意すべきです。

これには、運転時の反応時間の問題が関係しています。運転者が危険を感じてからブレーキを踏むまでの反応時間は、どのくらいだと思いますか？

答えは、実験室の場合で〇・八秒、テストコースでは一秒です。しかし、実際の道路における突然の予期しない事態の場合には、一・五秒から二秒、人によっては（たとえば相当の高齢者）それ以上かかる場合もあるといわれています。

そして、時速四〇キロの空走距離（ブレーキを踏むまでの間に走ってしまう距離）は、たとえ反応時間一秒でも一一メートル、また、ブレーキをかけてから停止するまでの制動距離は、乾いた道路で九メートル、濡れた道路で一四メートルです。これが時速六〇キロになると、空走距離一七メートル、制動距離は、乾いた道路で二〇メートル、濡れた道路で三二メートルと全体に大きく伸びます。

したがって、濡れた道路で危険を感じてから停止するまでの距離は、四〇キロでは二五メートルですが、六〇キロではほぼ二倍の四九メートルになります。「速度によって非常に大きな差が出てくる」ことがおわかりでしょう。いいかえれば、雨天に六〇キロで運転する場合には、五〇メートルも先の車両や歩行者の突然の動きにまで注意し、それに対応できなければならないということです。しかし、これはかなり難しいことです。

さらに、高速の場合ほどハンドル操作を誤りやすいというリスクがこれに加わるので、高速の場合の事故、ことにカーブでのそれは、死者の出る大事故になりやすいのです。実際、訴訟に出てくる大事故の多くは、いずれかの運転者が五〇キロ以上の速度を出していた場合に起こっています。

なお、実際の道路では制限速度を一〇キロくらい超えて走っている車が多いのですが、事故の場合には、「多くの車がこれくらいは超過している」という主張は通りません。

③ 重い刑事責任の問われる飲酒・酒気帯び運転

いうまでもありませんが、飲酒・酒気帯び運転は大きな過失になり、刑事責任も厳しく問われますし、免許停止・取消しにもなりやすいです。

かつてのアメリカでは酒気帯びの基準はゆるかったのですが、私が大学に移ってからの在外研究では、アメリカの弁護士から、「ちょっとでも飲んだら運転しないでください。外国人排斥の空気が強くなっているので、裁判を待たずに強制送還される例があります」と言われました。世界的に酒気帯び運転には厳しくなっていること、また、残念ながらアメリカの排外意識もかなり強くなっていることに、海外駐在員や留学生は、よくよくご留意ください。

運転中の携帯電話使用についても同様です。これは日本でことに厳しいです。

刑事責任については、第1章でもふれたとおり、酒酔い運転やあおり運転等により「危険運転致死傷罪」（いわゆる自動車運転処罰法二条、三条）で逮捕されれば、実刑判決を受ける可能性が非常に高いことにも注意すべきです。過失運転致死傷罪〔同法五条〕の場合でも実刑になる例はあります。

もっとも、私は、個人的には、酒酔いやあおりは別として、誰でも犯しうる過失についてきわめて厳しい結果責任を問う〔実刑とする〕ような方向性には、疑問をもちます。刑罰権の行使は、個々の事案とともにマクロな全体をもみて行うべきものであり、厳正さとともに、透明性や寛容の精神も必要です。

福島第一原発事故に関する刑事訴訟〔検察審査会の起訴議決に基づく業務上過失致死傷罪〔刑法二一一条〕での「強制起訴」事案〕では、本書冒頭に掲げた民事訴訟とは異なり、東京地裁・高裁が東京電力の旧経営陣三名について無罪との判断をしました〔二〇一九年〔令和元年〕九月一九日、二〇二三年〔令和五年〕一月一八日〕。しかし、事柄の性質上、過失の内容が民事と刑事で異なるとされることが適切なのか、私は疑問を感じています。率直にいえば、一種の「政治的判断」なのではないかという印象があります。

場合によっては東京にまで人が住めなくなり、数千万人の人々が家を追われる事態にもなりえた、かつ、必要な注意を怠らなければ予測や回避が可能であったと思われる過失による事故について無罪判決、一方では誰でも犯しうる一瞬の過失による交通事故について、生じた結果が重いとはいえ、きわめて厳しい有罪判決〔実刑〕というのは、どこかバランスを欠くのではないでしょうか。第4章で論じますが、日本の刑事裁判のあり方については、弁護士はもちろん、民事系裁判官にも疑問を抱いている人々がかなりあることを、付け加えておきます。

④　バイク事故の危険性

バイクは、非常に危険な乗り物です。事故の場合の死亡率が、自動車の場合の数倍ないしそれ以上になるのです。私の担当した事件には、みずからのバイクに引っかかって路上を引きずられた被害者（バイク運転者）の頭半分が路面に削られてなくなっていたという凄惨《せいさん》なものさえありました。

一つしかライトのないバイクとの距離も、その速度も、自動車運転者からは、ことにバイクが高速の場合には見極めにくいことが、事故の大きな原因になっています。

また、ヘルメットを着けない場合の死亡率が三倍、ヘルメットが脱落した場合の死亡率が四倍との統計があることにも注意すべきです。その理由はよくわかっていませんが、ヘルメットを着けない場合以上に、正しく着用しないで脱落した場合の事故が、悲惨なものになっているということです。

自転車についても、これに準じたことはいえるので、事故防止の観点からは、ヘルメットを正しく着用して乗るのが望ましいでしょう。

なお、バイクは、ライトの照射距離が実際には短めである場合もあり、夜間の、駐車車両への衝突死亡事故も多いのですが、その場合、バイク側の過失が不相応に重いと認定されやすいことについては、すでに述べたとおりです。

⑤ 駐車場事故は損害賠償請求が困難

最後に付け加えると、交通事故で意外にもめることが多いのが、大型駐車場内での事故です。道路と異なり定まったルールがない上、速度が出ているわけではないのでブレーキ痕等もあまり残らず、さらには現場保存も難しいので、事故の態様自体全くわからなくなってしまうことが多いのです。事故の態様がわからないとなると、損害賠償を求めることは困難です（もっとも、今では、ドライブレコーダーの映像によって事故態様が一定程度判明する場合もありえますが）。とりわけ、高価な車の所有者は注意すべきでしょう。

リスク回避のための手厚い保険加入

交通事故による損害を避けるための方法は、前項に挙げたような注意を怠らないことのほかには、できる限り手厚い任意保険に入っておくことにつきます。

自賠責保険（強制保険）は、自動車（バイクを含む）を保有・使用する際に契約が義務付けられているものですが、補償の対象は人身傷害のみであり、金額も限られています。ただし、被害者保護の観点から、過失相殺は重大な過失の場合に限られ、その割合も限定されています。これを補うものが任意保険です。任意保険でカバーされない範囲の損害については、加害者がみずから支払うほかありません。

なお、自賠責保険については加害者が賠償金を支払った後に保険会社からその範囲内の塡補《てんぽ》を受けるのが原則（加害者請求、自動車損害賠償保障法一五条）ですが、加害者に資力や誠意がない場合等のために被害者による直接請求も認められています（被害者請求、同法一六条）。

交通事故の損害賠償額は、前記のとおり、完全賠償からはほど遠いものですが、それでも、個人の加害者が支払うとなれば、非常に大きな負担になります。したがって、自動車の保有者、運転者は、できる限り手厚い任意保険に入っておくべきなのです。

任意保険の補償の対象としては、被害者との関係では、対人賠償のみならず、対物賠償も「無制限」としておくべきです。

自分の側についても、人身傷害についてはできる限り手厚いものとしておくべきでしょう。なぜなら、任意保険については、前記対人・対物賠償についても、加入していない運転者がいるからです。その割合は県によって異なりますが、最もその割合が大きいのは沖縄県で約四六パーセントが未加入、全国平均でも約二五パーセントが未加入です（二〇二一年度の数字）。私は裁判官時代に沖縄で勤務した経験がありますが、その際にも、「ここでは、交通事故の加害者だけではなく、被害者にもならないよう気をつけてください」と職員から最初に注意されました。沖縄は私にとってさまざまな意味で思い出の深い場所ですが、この点は残念な記憶になっています。なお、対人・対物賠償保険未加入者は、当然のことながら、資力、賠償の能力に乏しい場合が多いといわれます。

また、相手方の保険から支払を受けるためには示談（裁判外の和解）交渉が必要であり、折り合えなければ訴訟をすることになりますが、自分の側の保険については、損害額が決定したら、自己の過失割合にかかわらず、設定した保険金額の範囲内ですみやかに支払われるという大きなメリットがあります。

自分の側の人身傷害をカバーする保険は、現在では、人身傷害保険が基本であり、搭乗者傷害保険がオプションのようです。人身傷害保険では実際にかかった損害額（治療費、休業損害等）が支払われ、搭乗者傷害保険では、治療日数、部位、症状等に従い契約時にあらかじめ定められた定額が支払われます（後者は、損害の塡補を直接の目的とする保険ではないので、相手方から損害賠償金が支払われていても、重ねて支払われます）。もっとも、それらの具体的な内容は会社によってさまざまに異なりますから、各社のウェブサイトなどを見て判断することが必要です（たとえば、私の加入している保険では、搭乗者傷害保険については、数あるオプションの一つという位置付けで、金額も限られており、重要性は低いようです）。

自分の側の車両保険については、自動車の価格等との兼ね合いで決めればいいでしょう（半ば近くの人が加入しているようです。高価な車の持主は、必ず加入しておくべきです）。

なお、これは多くの人が知っていることかと思いますが、対人・対物賠償の対象には運転者・被保険者およびその家族等のこうむった損害は含まれません。これらの損害は、自分の側の保険の対象になるだけです。

ほかにオプションとして重要なものは、弁護士特約でしょうか。自動車保険では、保険会社が被保険者のために相手方との示談交渉をする（示談代行サービス）ことになっている例が多いのですが、被保険者に全く過失のない、いわゆる「もらい事故」（たとえば、自動車どうしの事故の約四割を占める「追突事故」の多く）では、これができません。この場合に保険会社が示談交渉をすると弁護士法七二条（非弁護士の法律事務の取扱い等の禁止）にふれるおそれがあるからです。したがって、「もらい事故」の加害者ないしその保険会社との交渉、これに対する請求や訴訟は、被害者が自分で行う必要があります。こうした場合を含め弁護士への依頼が必要になった場合の負担に備えるのが、弁護士特約なのです。

また、自動車事故とは関係ありませんが、第4章、第8章でふれる個人賠償責任保険（個人またはその家族が、日常生活で誤って他人を負傷させたり、他人のものを壊してしまったりした場合に負う損害賠償義務を補償する保険）も、検討する価値のあるオプションかもしれません。

なお、任意保険については、免責、つまり保険の適用されない場合がかなりあることにも注意してください。相手方への賠償については、故意によって生じた損害は免責、自分の側の賠償については、加えて、重過失の場合、無免許・酒気帯び運転の場合も免責です。なお、自分の側の車両保険については免責される金額（その範囲内の事故については保険が支払われない）を設定すると、保険料が安くなります。

最後に、条例で義務化される地域の増えている自転車保険も、入っておくべきです。一億円近い賠償が命じられた例もあり、その危険性は、自動車等とあまり変わりがないからです。ことに事故が多いのは、思春期から大学生くらいまでの子どもや若者の運転によるもので、乱暴な運転による事故が目立ちます。子どもの自転車運転についても保険を付けるとともに、事故の恐ろしさについてもよく注意を与えるようにしてください。

事故発生直後の対応

不幸にして事故が発生してしまったら、警察を呼ぶのが基本です。

これは、負傷者の救護とあわせて、運転者の義務とされています（道路交通法七二条一項）。自転車も「軽車両」として車両に含まれます（同法二条一項一一号イ）から、同様に報告義務が発生します。義務違反については、罰則があります（同法一一九条一項一七号）。

もっとも、人身事故であることが明らかなら、普通の人であれば必ず警察を呼ぶでしょう。しかし、そうでない場合には、相手から懇願されると警察を呼ばずに示談をするケースも、実際にはそこそこあるようです。

しかし、身体に関しては、とりあえず障害がないと思ってもあとから症状が出てくる場合もあります。また、車両の修理費用も、意外に高くつくことがあります。

したがって、軽微な車両被害だけであることが明白であって、そのまま許してあげてもかまわない（示談の必要もない）場合であればともかく、そうでなければ、警察に通報するのが無難です。

それは、警察を呼んでおかないと、「実況見分調書」が作成されず、保険会社から保険金を受け取るために原則として必要な「交通事故証明書」も発行されないため、思ったように示談が進まず、保険会社に対するものをも含め何らかの請求をしなければならなくなった場合に、それが困難になるからです。また、示談についても、安易に行ってしまうと、前記のようにあとから思わぬ障害が生じた場合に困ることになります。

ことに、相手が警察への報告をいやがっている場合、刑事罰や行政処分を恐れていることが多いわけですが、そうした人にはそれなりの前歴や問題がありうることも否定できないので、警察を呼ばなかった場合に誠実に対応してくれるか疑問なことも多いのです。

保険会社との交渉、訴訟等

自分の側の損害をカバーする保険については、自分の契約している会社ですからあまり問題はないと思いますが、相手の側の保険会社や弁護士との交渉については、必ずしも気持ちのよいものではありません。訴訟ともなればなおさらのことです。

私は、事実は事実としてありのままに伝えるのが学者、著者のつとめだと思っていますから、裁判官としての経験を率直に記せば、保険会社の弁護士の中には、「そこまで血も涙もないことを言うんですか？　畳の上では死ねませんよ！」と心の中で思わざるをえなかったような人もいるのは事実です。

まあ、それは極端な例であり、弁護士の名誉のために付け加えておけば、相手の立場をも考えながら客観的な和解ができるように努める人、無茶なことは言わない人のほうが、割合としては多かったと思います。しかし、保険会社やその弁護士は、支払を切り下げるほど利益が出るわけですから、そういう方向へのインセンティブが働きやすいことは、否定しにくいでしょう。現在のように各保険会社が保険料の熾烈《しれつ》な値下げ競争を行っているような状況では、なおさらのことです（このように、公益的な要素をも含む契約については、安ければそれでいいとはいえない側面があります）。

民事訴訟で被告側保険会社やその弁護士が被害者や遺族の尊厳を踏みにじる冒瀆《ぼうとく》的な言動を行っているとして被害者遺族らの会が日本損害保険協会と規制庁である金融庁に指導の徹底を求める意見書を提出した（二〇二二年七月二六日）という報道を見ると、以上のような事態が改善しているとは、考えにくいのです。

たとえば過失相殺を例にとるなら、保険会社が、前記のマニュアルをあなたに最も不利なかたちで引用しながら交渉してくる事態は、十分にありえます。

交通事故が大きなものの場合、被害者はさまざまな意味で苦境に立っていることが多いので、気弱になってしまいやすいものです。もしも、相手の態度が不誠実だと感じたら、とりあえずは保険会社の示談代行サービス（前記五五頁）に任せてきたような場合をも含め、弁護士に相談するほうがいいでしょう。そういう相手の場合、弁護士がつくとつかないとでは、結果がかなり異なってくることが多いからです。なお、交通事故の場合を含め、不法行為に基づく損害賠償請求訴訟では、認められる損害額の一〇パーセントの弁護士費用が、認容額の一部として上乗せされます。つまり、結果として、弁護士費用のうちこの部分は、実質上被告に負担させることが可能になるわけです。

訴訟については、加害者（実質的には保険会社）のほうから、「債務不存在確認の訴え」（「被害者の損害は原告主張の特定の金額を超えては存在しない」ことの確認）といったかたちで提起されることもあります。被害者が実際には存在しない障害を主張しているような場合にはこれもやむをえないのですが、被害者の症状がまだ固定していなかったり、誠実な交渉が行われていたりするにもかかわらずこうした訴えが起こされたような場合には、訴えの利益を欠くとして却下を求めることも可能です（拙著『民事訴訟法〔第2版〕』〔日本評論社〕の項目一八〇）。

また、交通事故被害については、示談や訴訟が長引いて困るような場合には、「金員《きんいん》仮払の仮処分」の申立ても可能です。私は、これについては、重大な事故で加害者の過失が大きいことが明確な場合には、相当期間の定期定額給付のみならず、確実といえる損害額の範囲内でまとまった一時金の給付も認めるべきだと考えています（拙著『民事保全法〔新訂第2版〕』〔日本評論社〕の項目七二六。なお、以下、二冊の拙著教科書の「版」の記載は略します）。

なお、不幸にして相手が任意保険に入っていなかった場合には、自賠責保険や自分の側の損害をカバーする保険で損害がまかなえなければ、足りない分については、相手に支払わせるしかないことになります。しかし、相手に資力がなければ、たとえ判決を得ても強制執行は相当に困難です。そういう意味でも、交通事故にはよくよくご注意ください。

以上のような事柄を踏まえると、自分の側の損害をカバーする人身傷害保険の必要性、重要性がおわかりになると思います。

第3章

不動産をめぐるトラブル

――普通の市民が出あいやすい重大紛争

深刻な争いになることの多い使用貸借

まず、まえがき、第1章でもふれた使用貸借（不動産等の無償の貸借）について解説しましょう。使用貸借契約を結んでいる人は結構いますが、その法的な意味をちゃんと理解している人は少なく、前記のとおり、非常にシリアスな紛争になることが多いのです。

使用貸借契約の終了事由については、裁判で問題になることが多いのは、①借主が契約に定められた目的に従い使用収益をするのに足りる期間を経過した時（民法五九八条一項）と、②使用貸借の当事者間の信頼関係が失われた場合（最高裁一九六七年〔昭和四二年〕一一月二四日判決が認めた）です。

そして、①については、長期間居住目的の建物の使用貸借契約の場合について三二年四か月をもって、また、木造建物所有を目的とする土地の使用貸借の場合について三八年八か月をもって、そのような期間が経過したものと認めるとした最高裁判例があります（前者は一九八四年〔昭和五九年〕一一月二二日、後者は一九九九年〔平成一一年〕二月二五日）。後者では、その間に貸主と借主の間の人的つながりの状況がいちじるしく変化したという事情を重視しています。

使用貸借は無償の契約ですから、そのくらいの期間が経過したら親族や友人等親しい間柄の人々の間のものであってももうおしまいになります、という趣旨です。

ところが、①の各判例については、一般的な法理を示したものではない、個々の事例に関する「事例判例」だという事情もあって、弁護士でも、知らない人がかなり多いのです。それで双方とも必死で訴訟（明渡訴訟）を争っている。私は、そのような場合、まずは借主側にこれらの判例を示し、「そこそこの時期で明け渡します」との言葉を得てから、貸主側にそれを伝えて承諾を得るというかたちで、和解をしたことが何度かありました。

②の判例についてもまた、こちらはその割合はより小さいですが、知らない弁護士がいます。これについては、それを踏まえた上で主張をしてもらわないと争点自体が定まらないので、法廷で原告のほうに教えて、主張を整えてもらっていました。

多くの人々は、弁護士は判例や学説をよく知っているものと思っていますが、実際には、たとえばこうした例がままあります。さらにいえば、裁判官についても能力にはかなりのムラがありますし、学者についても、みずからの専門分野の知識や理解からして怪しいという人も一定の割合でいるのが事実です。

つまり、人々が専門家について抱いている「完全無欠あるいは少なくとも大半が高水準」というイメージは、明らかに幻想なのです。これは、法律家のみならず、医師、官僚、政治家、ジャーナリスト、エコノミスト等についてもいえることであり、知っておいてよい真実だと思います（いくつかの例については、もはやいうまでもないのかもしれませんが）。

さて、②の信頼関係破壊については、①の場合以上に激しい争いになることがありま す。私が経験した典型的な例としては、農家の土地の多くを相続した長男の妻である原告が、その夫の妹である被告（義理の妹）に対して、原告の夫が生前に使用貸ししていた建物部分の明渡しを求めた事案がありました。

これについては、その使用貸借は以前から生家に住んでいた被告の事実上の既得権を尊重して締結されたものであること、被告が勤務先を退職して原告らの農業を手伝ったことなど、被告に有利な事情もありました。しかし、被告には、原告が夫の死後農業をやめたことに伴い、亡夫の兄弟姉妹たちが土地等の再分配を求めた紛争において、兄弟姉妹たちの中心人物として原告に再分配の合意書への署名押印を事実上強いたこと、土足で建物の廊下に上がるなどのいやがらせ、また、原告の長男に対する以前からのいやがらせ的な言動等もあり、こうした被告に不利な事情のほうがより重大であったため、判決では原告の請求を認めました（『ケース』7事件）。

注意していただきたいのは、②の信頼関係破壊による解除では、使用貸借そのものに関する事情以外の事情も考慮され、むしろそのような事情が決定的である場合が多いということです。

このように、使用貸借紛争は親族、友人等関係の深い者の間で締結される契約に関するものであるため、きわめて根の深い、深刻な争いになりやすいのです。

さて、それでは、こうした争いを避けるにはどうすべきなのでしょうか？

まず、貸主のほうからみれば、使用貸借の場合でもその期間を契約書できちんと定めておくことが適切です。そうすればその時に契約は終了します（民法五九七条一項）。先のような間柄でのことなので、使用貸借は気軽に始めてしまうことが多いのですが、契約の目的が、これまでに述べた、建物への居住や建物建築のための土地所有等のちょっと考えればその重大性がわかるものではなく、たとえば「資材置場としての使用」等であっても、期間が定まっていなければ、「目的に従い使用収益をするのに足りる期間」（民法五九八条一項）が経過するまでは、法的には、明渡しを求めるのは難しくなります。

逆に、借主のほうからみれば、生活や営業の上で重要な建物、また、建物建築のために必要な土地については、使用貸借ではなく、賃貸借契約にし、相場の賃料を払うようにしたほうがよいといえます。賃料がもったいないというのであれば仕方がありませんが、その場合には、前記のような期間が経てば、また、争いごとなどによって信頼関係が破壊されれば、明け渡さなければならないことを、きちんと認識しておくべきです。

私自身も、自宅建築に当たり、その敷地の一部は義父から借りましたが、契約は賃貸借にし、契約書を作り、相場の賃料も支払っていました（義父が亡くなった後には妻の土地になりました）。「親しき仲でも、契約は近代標準でビジネスライクに」ということです。

最後に、重要なことを二つ付け加えておきます。

一つ目は、あなたがみずからの土地に子どもやその配偶者の建物を建てさせてあげる場合には、使用貸借にせよ賃貸借にせよ、事前に、ほかの子どもたちとの関係で問題がないかについても考えておく必要があるということです。そして、「その土地を借りる子どもにそれを相続させる旨の遺言」もしておくのが適切です。

二つ目は、使用貸借は親族や友人間で結ばれることが多いので、紛争になっても、話合いの余地は十分にあるということです。感情的にならなければ訴訟にまで至らずに解決できることも多いのです。

賃貸借についてもトラブルは多い

賃貸借については、使用貸借よりもはるかに一般的なものなので、普通の人でも一応の知識はもっていると思います。

これについて押さえておくべき重要事項は、不動産の賃貸借では借地借家法の適用があるのが普通であるところ、借地借家法には法定更新の制度があり、かつ、更新拒絶には正当の事由が必要である（五条、六条、二六条、二八条）ことによって、借主の権利が非常に強く保護されていることです。例外としては、定期借地権、期間満了時に土地の貸主が建物を相当の価格で買い取る建物譲渡特約付借地権、定期建物賃借権があります（二二条ないし二四条〔なお、「二二条から二四条まで」の趣旨。以下同様〕、三八条）。しかし、これらについては、そのような特別な契約であることを意識しないまま契約がなされることはまずないと思われるので、詳しい説明は省きます。

普通の賃貸借については、終了事由の主なものは賃料不払や使用方法違反、無断の賃借権譲渡・転貸（民法六一二条）ですが、こうした場合でも債務不履行が信頼関係を破壊すると認めるに足りない（背信行為と認めるに足りない）特別な事情があれば解除はできない、という判例法理があります。

うち賃料不払は割合明確なので、これが理由なく一定期間続けばまずは解除が認められますが、それでも、当事者間に特別な関係や従来からの別個の紛争があるなどの結果として前記のような「特別な事情」が細かく主張されれば、訴訟は長引きます（その典型例が『ケース』6事件）。

使用方法違反となると、無断増改築や近隣迷惑行為であっても、程度によるということになりますから、解除は必ずしも容易ではありません。

私の家からさほど遠くない一戸建ての貸家で庭に廃品等が散乱しいわゆるゴミ屋敷となっている例がありました。何年もそのままで、ようやく建物が明け渡されて庭もきれいになったと思ったら、持主が、すぐに建物を取り壊し更地にした上で売却してしまいました。明渡しまでに相当に手を焼いた結果ではないかと思います。

無断の賃借権譲渡についても、たとえば商店等を会社組織にしたが営業形態や経営主体の実質が変わらないような場合には、解除は認められません。

住宅の供給が十分ではなかった時代に形成された以上のような判例の考え方が現在でもすべて適切なのかという疑問はありえます。賃貸借の現状をみるなら、賃貸人が社会的強者、賃借人が社会的弱者であるとは、もはや必ずしもいえないからです。しかし、当面は、こうした疑問、また新しい要請や需要については、先にふれた定期土地・建物賃貸借等によって応えることとされているわけです。

こうした事情を考えると、素人が、老後の生活の支えとして小さなアパート等を建て、その賃貸による定期収入を見込むといった資産運用のかたちには、それなりのリスクが伴うといえます。たとえば、何か月も賃料不払のまま出て行ってくれないので弁護士を頼んで訴訟をし、ようやく立ち退かせたが建物は相当に荒れており、相手には資力がないので未払賃料も取りはぐれるなどといった事態は、十分にありうるからです。管理を専門の会社に任せる方法もありますが、これはこれで、会社をよく選ばないと、ずさんな管理で借主とのトラブルが起きる、空室がなかなか埋まらない、等々の問題が起こりえます。

逆に、借主のほうについて注意しておくべきことは、前記のとおり、賃料不払については争うのは容易ではない、勝ち目は薄いということです。よくあるのが、雨漏りや上階からの水漏れ、下水口からの臭気、建物粗悪等による賃料の支払拒絶ですが、こうした主張が正当と判断される例は、あまりありません。よほど明確な全面的使用不能でない限り、賃料支払の全部拒絶は無理です。また、右のような主張は、言いがかり的な、あるいは過大なものである例が多いということもあります。特定の部屋についての特定期間の明確な使用不能によりその間の賃料の一部減額が認められるような例はあります（民法六一一条一項）が、その証明も、必ずしも容易ではありません。

したがって、たとえ雨漏り等があっても、賃料自体はとりあえず支払いながら補修や減額（過去分の返還を含む）の交渉をするのが適切といえます。

この点について再び貸主のほうからみると、漏水や臭気等を口実に理由に乏しい賃料支払拒絶をされることがありうるという問題になります。私の扱った典型的な事件では、すでに明渡し自体は終えられた建物の未払賃料請求に対し、被告が、反訴（民事訴訟法一四六条）として、漏水による損害賠償請求を行ったものがありました。管理会社の申出で改修工事を行った箇所等から漏水があったという事案ですが、それなりの対処や賃料免除は行われており、被告の主張は、どうみても無理なものでした（『ケース』8事件）。

まえがきにも記したとおり、「相手があまり理由のないことを言っていても争いがある以上最後は訴訟で解決するほかなく、相当の主張立証もしなければならない」ことは、見知らぬ相手と契約を交わす場合の潜在的なリスクです。このことは、常に意識しておくべきかと思います。

ほかに賃貸借でトラブルになることが比較的多いのは、賃貸借終了時の原状回復ですが、これについては、近年の改正で新たに条文が設けられ、通常の使用収益で生じるような損耗《そんもう》や単なる経年変化はその対象とされないことが明文化されました（民法六二一条）。また、国土交通省の「原状回復をめぐるトラブルとガイドライン」という詳細なガイドラインも参考にされています。

借主としては、契約の時点ですでに存在する傷など問題になりそうな箇所については、細かく写真を撮影しておくとよいと思います。

また、敷金から差し引かれた原状回復費用があまりに過大、不当であると思われるような場合には、訴額が六〇万円以下の金銭支払請求についての簡裁での簡易な訴訟手続である「少額訴訟」を利用することも考えられます。一般市民のための利用を念頭に置いた手続で、審理は一期日で終えることが原則とされています。もっとも、やはり訴訟ですから、準備等にはそれなりの手間はかかります（民事訴訟法三六八条以下、拙著『民事訴訟法』の項目六七五参照）。また、簡裁の略式訴訟手続ですから、裁判官の能力には、地裁の場合以上にムラはありえます。

契約時に原状回復についてよく協議して明確な条項にしておかないと大きな紛争になりうるのが、大規模商業施設等の場合です。私も、請求金額が数千万円の事件を手がけたことがあります。契約書に明確な条項を設けていなかったため、建物の詳細な構造や業界の慣習まで含め、非常に込み入った主張立証をしなければならない事件になっていました。

最後に付け加えれば、近年、高齢者は、保証人がいないと建物賃借が難しくなっていることには、注意しておくべきです。持ち家か借家かという選択がよく議論されていますが、リスク予防という観点からみるなら、安定した老後のためには、自分の家を持っておくほうがよいことは間違いないと思います。借家であると、何かの理由でそこを出なければならなくなった場合に、困った事態になりかねません（そのような事態に対応する各種のサービス、たとえば一般財団法人高齢者住宅財団が行っている「家賃債務保証制度」等はありますが、もちろん万全ではありません）。

土地購入に当たっての注意事項

　このテーマについては、「事前の紛争予防策」が何より重要になります。契約を結ぶ前に注意しておくべき事柄が多いということです。

　第一に、土地（以下、中古住宅付きの土地を含めて考えます）については、境界を確認し、明確にしておくことが必要です。比較的新しい造成地であれば目印の鋲《びょう》等があるのが普通ですが、多くの場合さほど目立たないので、現地で仲介業者から説明を受けておくべきです。

　こうした目印のない古い住宅街では、周囲の土地に住む人々との間で確認されている境界について、説明を受けておく必要があります。まともな業者であれば必ずそうした確認は終えていますから、「ええっと、どうだったかなあ。大丈夫なはずですけど……」などと言っている場合には、業者の信頼性から疑ったほうがいいでしょう。

　関連して境界に関する争いについてふれておくと、現在では、筆界《ひっかい》特定手続（不動産登記法第六章）という簡易な行政上の手続が設けられているため、境界（筆界）確定の訴えは、その結果に不満がある人が提起するのが普通という使い分けになっており、かつてほど大変ではなくなりました。もっとも、境界紛争についても、相手がほとんど、あるいはあまり理由のない主張をするのでやむなく訴訟をせざるをえなくなる例はかなりあります（『ケース』

24、25事件。ことに後者の事案は、問題行動によって紛争を生じさせた当事者相手であっても、徹底的に争われれば主張立証は容易でないことを示す一例といえます）。

第二に、都市計画法上の市街化区域と市街化調整区域の別に注意する必要があります。市街化区域については用途地域の区分があり、具体的な土地の用途、建築できる建物の種類等が定められています。とりあえずは高層建築物がなくても、用途地域として許されている範囲の建物は将来建つことが当然にありうるし、用途地域の指定自体も変動しうるので、土地を買う場合には、そうした将来の可能性についても検討しておくべきです。たとえば、予期していなかった高層ビルが近くに建って日照が大幅に阻害されるなどといった事態が起こりうるからです。

市街化調整区域は市街化を抑制すべき区域であり、建物を建築できる人が限定されており、購入する際の価格は安いのですが、売却はしにくくなります。建築可能な条件に当てはまり、長期間売却の予定がない人にとっては、お買得な場合もあるでしょう。郊外では、駅の結構近くに広い市街化調整区域が設けられていることがありますから。

第三に、建築の関係できわめて重要なのが「接道義務」です。都市計画区域（市街化調整区域もこれに含まれます）では、建築物の敷地は、消防車等緊急車両の進入の必要性から、道路に二メートル以上接していなければなりません（建築基準法四三条一項）。この道路の種類がいろいろあり（同法四二条）、公道（道路法による道路）であれば問題ありませんが、私道等それ以外の道路である場合には、何かと面倒の起こる可能性があります。これは、接道義務の例外が認められている建物の建っている土地についても同様です（同法四三条二項。たとえば「道路状の空地」に接しているような場合）。

古い市街地によくあるのが、同法四二条二項該当の道路です。「幅員が四メートル未満の道路であっても、古くから使用されており、知事、市長等の特定行政庁が指定したものについては、建築基準法上の道路とみなすこととしたもの」で、「二項道路」と呼ばれています（前記の四三条二項とまぎらわしいのでご注意）。

相場よりも安い物件、ことに格安の物件には、しばしば、接道義務に問題があるのです。そうすると、少なくとも、売却はしにくくなります。また、前記の二項道路に接する建物については、新しい建物は、道路の幅員を確保するため、道路の中心線から二メートルセットバックして建てなければならないという大きな制限がかかります（道路の反対側が崖、川等であればそこから四メートルのセットバックが必要）。さらに、現在古い建物が建っている土地について、それを建て替えようとしても、新しい建物は建てられないという場合もありえます（同法四三条二項該当の場合などにありえます）。中には、物理的にみても補修工事を行うことすら困難ではないか（足場が組めない）と思われるようなかたちで建っている建物さえあります。

第四に、限られた土地に大きな建物を建てたいような場合には、建ぺい率、容積率、斜線制限、日影《にちえい》規制等の条件についても、あらかじめ検討しておくことが必要です。「これは実は建ぺい率、容積率違反なのではないか」と感じられるような建物は、普通の一戸建てでもまれに見かけることがありますが、火事の際に延焼の危険性が大きくなりますし、近隣の人々との関係を大きくそこなう原因にもなりますから、つつしみましょう。なお、工事の施工停止、除却《じょきゃく》、使用禁止等の行政命令の対象にもなり、この命令違反については刑事罰も科されえます（建築基準法九条、九八条一項一号）。また、建物の売却も難しいでしょう。

もっとも、以上のような法令上の諸問題・重要事項が売買に当たって表示・告知されていないことはまれです。しかし、それでもそうした土地を買ってしまってあとから困る人が絶えないのは、前記のようなデメリットをほとんど理解しないまま格安というメリットに踊らされてしまった結果なのです。「格安の不動産には必ず何かその理由が、しばしば重大な問題がある」ことは、肝に銘じておいてください。

最後に、地震、火災、水害等のリスクの有無については、インターネットで各種のハザードマップを検索するなどして、チェックしておいたほうがいいと思います。これは、大きなリスクになりえますが、意外に盲点になりやすい事柄です。

建物購入に当たっての注意事項

不動産の瑕疵《かし》（キズ、欠陥、問題点）については、売主の契約不適合責任（売買の目的物が契約の内容に適合しないことを理由とする責任〔民法五六二条ないし五六六条〕）を問うことができます。この瑕疵には、物理的瑕疵（物件の物理的な欠陥。シロアリ、雨漏り等による損傷や構造上の欠陥）、法律的瑕疵（前項でふれたような建築基準法等の法令関係の問題点）、環境的瑕疵（近隣に暴力団事務所、大きな騒音源があるなど不動産周辺の環境に関する問題点）、心理的瑕疵（直前の持主、居住者が自殺したなどのいわゆる「事故物件」の場合）、の四つの種類があるといわれます。

そして、これが実際に問題となる場合が比較的多いのは、土地については、前記のような法律的瑕疵であり、マンションを含む建物については、物理的瑕疵、心理的瑕疵でしょう。

また、以上のような不動産の瑕疵については、売主にも、宅地建物取引業者にも（宅地建物取引業法四七条）説明・告知義務があります。

不動産の売買契約の内容（趣旨、目的）は基本的には「瑕疵のない不動産の売買」ということなのでしょうから、瑕疵について売主や宅地建物取引業者が説明・告知を行ってそれを契約の内容に含めておかなければ、契約不適合責任、また、説明義務違反に基づく責任を問われることになります。

契約不適合責任については、修補や代金減額請求、また、損害賠償請求や解除ができます（もっとも、解除ができる場合は限られます。なお、以上については、賃貸借の場合にもおおむね同様です〔民法五五九条〕）。

ただし、それにも訴訟が必要になることが多いわけですから、仲介業者がきちんと情報を集めているかというその信頼性がまず問題になります。その規模、実績、評価等について、まずはインターネットなどでよく調べてみるべきです。

なお、「事故物件」については、それを気にしなければ、きわめて低い価格で購入できる点はメリットであり、たとえば、医師や看護師が買い手になる例はそこそこあると聞いています。死というものをドライに見詰めることに慣れた、慣れざるをえない職業についている人々の、冷徹な選択といえるかもしれません。

まとめると、建物購入についても、あたりまえのことですが、相場より有意に安い物件には、それなりの問題があるのが普通です。にもかかわらず、つい「お買得な物件」と思ってしまいやすいのが、人間の性《さが》であり、ことに、「性善説基本」の日本人の性なのですね。

さて、契約不適合責任を追及するには、不適合を知った時から一年以内に売主に通知する（不適合の種類とその大体の範囲を通知する）必要があります（民法五六六条）。なお、通知により保存された請求権も、債権の一般原則に従い、五年間行使しないと時効消滅します（民法一六六条一項一号）。また、不適合を知らなかった場合でも、引渡しから一〇年が経過してしまえば、契約不適合責任の請求権は時効消滅します（同項二号）。

しかし、実際には、建物については、宅地建物取引業者が売主となる場合には、宅地建物取引業法四〇条により、引渡しの日から少なくとも二年以上は右の責任を負わなくてはならないとされています。また、それ以外の場合には、右の責任免除の条項が契約に含まれている場合が多いでしょう。ことに、マンションであればともかく、中古一戸建て付き土地の売買の場合には、建物の価格は非常に低く見積もられて価格が設定されていることが多いので、売主としては、「とても契約不適合責任までは負えない」ということになります。売主としては、この点（前記の責任は免除としておくこと）に注意しておく必要性があります。ただし、民法五七二条により、売主が知りながら告げなかった事実については免責されません。また、消費者契約法上の「事業者」つまり法人や個人事業主が売主となる場合については、責任免除条項は同法八条により無効となります。この場合には、右の責任の期間を一年とする契約が結ばれることが多いようです。

中古住宅については、一戸建てをすぐに、あるいは短期間で取り壊して新たに建物を建てる予定であるような場合を除き、ホームインスペクター（住宅の劣化状況や欠陥の有無をチェックし、修補すべき箇所、時期、費用等について中立の立場からアドバイスする専門家。民間資格）にチェックをしてもらうと、その品質がよくわかるでしょう。

新築住宅の売買（いわゆる建売住宅、分譲住宅）については、住宅の品質確保の促進等に関する法律九五条で、売主は、住宅の構造耐力上主要な部分等の瑕疵については、引渡しの日から一〇年間契約不適合責任等の責任を負うことが定められています（なお、住宅新築請負についても、同法九四条に同様の規定があります）。

契約不適合責任の存続期間等に関する以上の規制は複雑ですが、まとめれば、この場合には、民法の原則が適用される例はあまり多くないということです。なお、この場合に限らず、権利については、常に、まず、その存続期間（裏からいえば消滅時効等の期間）とその関連規定に注意するようにしましょう。

さて、日本人は新しい物好きなせいか、中古一戸建てを買う人は少ないのですが、前記のとおり建物自体の価格は低く見積もられていることが多い反面、定評のあるハウスメーカー（プレハブ住宅メーカー）等信頼性の高い業者が建てたものである場合には、中古でもさほど傷んでおらず、したがって、お買得な場合もあると思います。

また、マンションについては、管理費や修繕積立金が高い、あるいは高くなってゆきそうるという問題を意識しておくべきです。さらに、老朽化しても、建て替えは容易でないことがありえます。ことに、建築時期が古いマンションの購入に当たっては、こうしたことをよく考えておくべきでしょう。

なお、ここでいわゆる住宅ローンについて一言ふれておきますと、固定金利でなく変動金利を選ぶことには、金利上昇の場合のリスクがあります。ことに、多額、長期間のローンを変動金利で組むことは大変危険であり、金利急上昇に収入の減少が重なったりすると、返済ができなくなって家を失うことにもなりかねません。ご注意ください。

欠陥住宅紛争とその予防

前項で説明した契約不適合責任（物理的瑕疵）を建物について問うのが、いわゆる欠陥住宅紛争です。これは、新築住宅を買う場合や請負契約により建物を建築させる場合（民法五五九条により、売買とおおむね同様の規律となる）に、よく問題になります（中古住宅の場合には、買主も一定のリスクを想定していますから、あまり紛争にはなりません）。

これに関する訴訟は、手間と時間のかかる難しい部類の事件になります。住宅では、ことに建物の基礎や躯体《くたい》部分の問題が致命的ですが、欠陥住宅ではそれが多く、また、その場合の請求額は建物の価格にほぼ等しいものとなってしまうような例もあるので、被告の側も必死で争うからです。

また、建築関係訴訟では、医療関係訴訟の場合以上に、適切で客観的な鑑定人をみつけるのが難しい印象があり、ことに、裁判所が正式に採用した鑑定人ではない者による鑑定書（私鑑定。書証として提出される）については、客観性に疑問を感じる例がありました。むしろ、非常勤の国家公務員として専門性の高い事件について説明等を行う専門委員（民事訴訟法九二条の二以下）を利用するほうが、費用がかからず、その質も相当程度に保証されていますから、ベターな場合が多いのではないかと思います（一般的にいっても、質の高くない私鑑定は、その依頼者である当事者からみれば強い言葉が使ってあって頼もしいかもしれませんが、証拠価値はほとんどありません。私鑑定であっても、客観性があって質の高いものであることが必要です）。

以上のようなことを考えると、建築紛争については、まずは、建設工事紛争審査会等によるＡＤＲ（Alternative Dispute Resolution。裁判外紛争処理制度）を利用するほうが適切かもしれません。また、提訴しても、専門家調停委員を利用した調停に付される例も多いようです。なお、調停をも含め広い意味でのＡＤＲ手続全般についても、専門性の高い事件の場合ほど、弁護士を選任して臨むほうがベターといえます。

いずれにせよ、ここでもまずは予防が第一です。つまり、施工者（請負人）や販売業者をよく選ぶことが重要です。

具体的には、注文住宅であれば、一般的には、定評のあるハウスメーカーを選ぶのが相対的には無難です。そして、それぞれの会社のシリーズ的な標準仕様の中から基本型を選び、必要に応じてそれに手を加える方法がベターでしょう。一からの設計住宅は、設計費用が高くなる上に、有名な建築家のものであっても、住んでみると思わぬ不備がある、使いにくく住みにくいという事態がありえます。しかし、ただ使いにくいという程度のことでは、およそ損害賠償請求等は無理です。

逆に、リスクが相対的に高いのが、小さな工務店で価格が相場よりかなり低いという場合です。「安いものにはそれなりのリスクがある」のはどんな場合でもいえることですが、ことに住宅のような大きな買物については、そのリスクが格段に大きくなります。また、こうした業者の場合、訴訟を起こそうと思ってもすでに廃業、倒産という事態もありえます。「ない袖は振れない。ないところからは取れない」というのは、この場合に限らずいえる、法的紛争についての事実、真理です。

なお、小さな工務店やメーカーの場合、建物引渡し前に倒産してしまって面倒な事態になることもありえますから、契約前に、その規模や経営の状況についても可能な範囲で情報をとって調べておいたほうがいいでしょう。

建売住宅については、大きな紛争はあまりありませんが、ある程度時間が経ってから多少の漏水等の小さな問題が出てくることは、結構あるようです。

これは、「標準以上の質を備えた住宅」と「各種の基準を満たす最低限の住宅」との差ということです。建売住宅を建てている現場を見ると、建物の基礎や軀体部分等の基本的な構造部分がお粗末だなと感じる例が時にあります。たとえば、基礎のコンクリートが薄い、主要な柱が細いといったことです。また、建物は、水回り、屋根、外壁等、目立たないが重要なところでいくらでも手を抜くことが可能です。

建売住宅では、その利益は建物の建築コストを下げることによって出すという側面が大きいので、いきおい、表面はきれいに仕上げ、見えないところ、すぐにはわからないところで手を抜くという傾向が出やすいのです。

ここでも、業者をよく選ぶこと、安さだけにだまされないことが肝心です。その地域で長いこと営業を行っている業者であれば、将来の評価にかかわりますから、極端に問題があるようなものは売らないと思いますが、いずれにしても、インターネットを含め、広い範囲から情報をとって判断することが必要です。

建物新築契約について知っておくべき事柄

関連して、ハウスメーカー等と契約する際に知っておくとよい情報を一つ付け加えておきましょう。

こうした契約では、仮契約と本契約という二つの契約が結ばれることがままあります。

仮契約は、具体的なプランニングをする前に結ばれるもので、会社と施主の間の意思確認という意味合いで行われ、これに伴い、一〇万円程度の申込金が支払われます。本契約締結に至らなかった場合にこの申込金が返還されるか否かは、仮契約の内容いかんによります。

本契約は、詳細設計、見積もり、住宅ローンの決定等の後に行われるもので、こちらがはるかに重要な契約になります。具体的には、これに伴いまとまった金額が支払われますし、その後契約を解除すれば大きな違約金（損害賠償金）が発生します（なお、右のまとまった金額の支払が手付と解されれば〔それが原則かと思われます〕、手付を放棄して解除できます〔民法五五七条、五五九条〕が、それができるのは相手方が契約の履行に着手するまでの短期間であり、また、それができる期間が契約で定められている場合もあります）。したがって、本契約に当たってはその内容をよく確認することが必要です。

もう一つ重要なのは、「本契約後の工事内容の変更はすべて追加工事になるので、これが増えると総費用が予想外にふくらんでしまう」ということです。私の経験でも、こうした追加工事費用の増加にまつわる争い、行き違いから訴訟になった例が複数ありました。業者のほうに、「早くおおざっぱな本契約を結ばせて、追加工事の費用を大きくし、利益をとってやろう」などという下心があると、そういう結果になりやすいのです。こうした意味でも、業者は選ぶ必要があるわけです。

以上の点を含め、建物の新築に当たっては、事前に、また本契約前に、よくその内容を考え、詰めておくことが必要といえます。建築工事に追加や修正はつきものですが、それはできるだけ小さなもの、わずかなものに抑えるということです。

実際、建物の新築は、施主にとっても本当に手間のかかる一大作業です。私のよく知っていた先輩裁判長の一人は、六〇歳を過ぎてから新しく大きな家を建てられ、これには夫人が特に意気込んで臨まれたのですが、建物完成後一年も経たないうちに夫人が過労で急死されたと聞き、驚いたことがあります。その裁判長は、「設計の相談から始まった新居建築に伴う心労、負担が大きなきっかけとなったと思う」と語っていらっしゃいました。高齢者は、こうした点にも注意したほうがいいかもしれませんね。

競売物件にもご注意！

不動産執行（強制競売、担保不動産競売）の対象物件についてもふれておきましょう。

これも市価よりは何割も安く、その意味ではお買得に見えますし、近年はインターネットでも広く紹介されていますから、買ってみようかと考える人も増えているようです。しかし、結論からいえば、「素人がこれに手を出すのは相応のリスクを伴う」といえます。

競売物件については、物件明細書（民事執行法六二条、一八八条。裁判所書記官作成）、現況調査報告書（執行官作成）、評価書（不動産鑑定士作成）の、裁判所のいう「三点セット」の情報を、裁判所やその不動産競売物件情報サイトで閲覧できます。その情報は、大筋では正確といえるでしょう。

しかし、現況調査報告書は執行官の「調査の結果」を、物件明細書はそれに基づく裁判所書記官の「認識」を記載した書面にすぎず、決して「保証」ではありません。特別職の国家公務員である執行官の調査がたとえ不十分であったとしても、国家賠償請求が成り立つことは稀有《けう》です（いわば、裁判所が裁判所の過失を認めるようなものですから）。また、右のような書面の記載事項は限られており、ことに「物件明細書」についてはそうです。たとえば、目的建物の借地権が争われている、マンションについて高額の滞納管理費がある（これは大変な金額になっている場合があります）などの重要危険事項も、その「任意的記載事項」であるにすぎません。

つまり、たとえば売主や宅地建物取引業者の説明すべきような事柄が「三点セット」に網羅されているわけではないのです。

また、物件に占有者がいる場合にこれを立ち退かせるためには「引渡命令」（民事執行法八三条、一八八条）という簡易な裁判が用意されていますが、その要件を満たさない占有者に対しては、通常の民事訴訟を行う必要があります。

要するに、競売では、すべては買い手の「自己責任」なのです。そうである以上、裁判所も先のサイトのトップページに今私が述べたような内容の警告を出しておいてもよい、少なくともそれがベターではないかと思うのですが、そうされてはいません。

以上のような次第で、競売がらみの民事訴訟は時々あります。私の経験した典型的な事案では、原告が物件の賃借人に対して明渡しを求めたのに対し、被告が、反訴で、物件の以前の所有者との間でした裁判上の和解の効力が原告に引き継がれているとして、明渡しと引換えに数千万円の支払を求め、反訴請求が認められました。現況調査報告書には右和解についての記載があり、原告は、これを閲覧していたのですが、「物件明細書には和解について記載されていないからその効力は原告に引き継がれていない」と主張していました。しかし、これは、法的には無理な主張です（『ケース』41事件）。

もしも競売物件を買いたい、入札したいというのであれば、信頼のできる専門家（弁護士等）に依頼して、前記の書類等を含め、よくよく調査してもらったほうがいいでしょう。しかし、その場合でも、あなたが責任を問える可能性があるのは、その専門家に対してにすぎませんし、それが認められるか否かも、あなたとその専門家の契約の内容次第です（なお、弁護士がこの種の調査義務違反で一億円以上の損害賠償請求をされた事案もありました。結局弁護士保険で支払われたようですが、弁護士としても、この種事務には細心の注意が必要ということですね）。

本書全体で説いていることですが、近代の「制度」や「契約」にはそのように厳しい面があり、基本的に「自由な判断を行う者の自己責任」を前提としています。このことは、ぜひとも理解しておいてください。

隣人間紛争は一生続く心労の種

最後に、不動産をめぐる紛争に関連して、隣人間紛争の大変さについても記しておきます。

たとえば、あなたの家の屋根等が災害で一部壊れ、すぐに補修工事をしないと家が傷んでしまうが、そのためには、あなたの土地だけではなく隣地の一部にも足場を組む必要があるとしましょう。家と家が接して建っている大都会では、よくある事態です。

その場合、あなたの隣人が偏屈《へんくつ》で、あるいはあなたを嫌っていて、「足場は組ませてやらない」と言い、あまつさえ境界すれすれにバリケードを組んでしまったら、どうすればいいでしょうか？

隣地使用権（民法二〇九条）については、かつては相手の承諾を求めるための「請求」が必要だったのですが、二〇二一年の改正（二〇二三年四月一日施行）で、「請求」までは必要ではない、つまり相手の承諾を求めるための裁判までは必要ではない、事前に通知すればよい、ということになりました。

しかし、先の事例のように相手がバリケードまで組んでいれば、その除去にはやはり裁判が必要ですし、また、ほかの方法による工事妨害の可能性もあるなら、それを自分の力で排除することはできませんから、工事妨害禁止の裁判も得ておく必要があります。こんなことについて通常の訴訟をやっていたらその間に家がだめになってしまうので、実際上は、仮処分を得るしかないでしょう。

このように、普通であれば、「よろしくお願いします。お互い様」で相応のお礼をすればすんでしまうことでも、相手が拒絶、妨害等をすれば、裁判をするほかありません。近代法では、「司法手続によらない「自力《じりき》救済」は禁止されているからです。

また、たとえば、隣地の竹木の枝や根が越境してきた場合の処理についても、やはり前記の改正でその方法は明確化された（民法二三三条。境界線を越えてきた枝は切除させることができ、根はみずから切り取ることができる、が基本です）ものの、隣人がむずかしい人であれば、相当に面倒なことになりうるのは変わりありません。

家庭騒音被害についても、やめてもらうには最後は裁判しかありませんが、これは、受《じゅ》忍《にん》限度の判断が微妙ですし、その強制も簡単ではありません。そうして鬱積《うっせき》した憎しみが時には暴力、場合により殺人事件にまで発展する例があるのは、どこの国でも同じです。

隣人間紛争で現実に裁判になる例が多いものとしては、私道が公の通行に供されている場合に、その私道の持主がその一部に車を置いたりバリケードを設置したりして通行可能な部分を狭くし、ほかの車の通行を妨害する、などを原因とするものがあります。「私道の通行に関する仮処分」で対処することになりますが、妨害するほうにもそれなりの言い分がある場合も結構多く、ベテランの裁判官でないと適切な裁判や和解が難しい類型の事件といえます。

原則についてだけ述べておくと、こうした私道の通行妨害について人格権の侵害による妨害排除が認められる余地がありうるのは、原告、あるいは仮処分の債権者（通常の訴訟の原告に当たる者）が、① 建築基準法上の私道のうち、② 従来道路として開設されていた部分を日常生活上継続的に使用していたにもかかわらずこれが妨害された結果、③ 日常生活上多大の支障が生じているような場合、に限られるということになります（詳しくは、拙著『民事保全法』の項目七一九以下参照。前記〔七三頁〕の「接道義務を満たすための道路」が私道であると、こうした問題も生じうるのです）。

最後に、すでに述べた境界紛争についても、問題のある隣人との間で起こることが多いといえます。

このように、悪しき隣人との関係は恐ろしいものであり、一生続く心労の種になりかねません。これは、土地や建物の購入に当たって意外な盲点になりうる事柄なのです。職場や学校等でもちょっと困った人は必ずいるものですが、そうした人々でも、近隣には気を遣《つか》うのが普通です。そうではないということになると、相当に問題の大きな人間である可能性もあるわけです。

しかし、たとえ隣人がそういう人であったとしても、先に論じた「瑕疵」に当たるとして不動産売買契約の「解除」までできるような例は、まずないでしょう。結局、自分のほうが引っ越すことで解決するほかない、ということになりかねないのです。

では、そうした事態をどう予防するか。慎重を期する人々の中には探偵社を使って聞き込みをしてもらう例もあるようですが、普通、そこまではしないでしょう。また、個人的には、あまりおすすめしたい方法ではありません。

けれども、仲介業者に尋ねて隣人となるべき人に関しわかっている情報だけでも教えてもらう、みずからあいさつに行って、ついでに、「このあたりの住み心地はいかがですか？」といった軽い世間話でもしてみる（以上だけでも、ある程度のことはわかります）、場合によっては、近隣の人々にもあいさつし、その際に可能ならそれとなくお隣のことも尋ねてみるなどの努力は、してみたほうがいいかもしれません。悪評が立っている家については、周囲の人々は、結構広い範囲で知っているものだからです。

私の知人のある弁護士は、「購入を考えていた土地のお隣の前に車を停めてあいさつしようとしたら、駐車禁止区域でもないのに血相を変えてどなられた。あいさつしてよかった。あそこは絶対買わない」と言っていました。たとえばこのような例もあるのです。

また、あいさつに行った際に敷地や周囲の状況について一応確認してみることにも、意味があります。変わった張り紙や立て看板等がないか、庭にゴミが散乱していないか、ものすごく吠えつく犬を飼っていないか、等々のことです。

まあ、先方が引っ越してきた場合にはどうしようもないことなので、心配しすぎても仕方がありませんが、特に先のような紛争に弱い人は、一応注意しておくに越したことはないでしょう。それが、隣人間紛争にまつわる仮処分や民事訴訟を多数手がけてきた私の見解です。

第４章　痴漢冤罪に学ぶ刑事事件の恐怖

本当は恐ろしい日本の刑事司法システム

刑事事件関係のリスク防止のためには、前提として、日本の刑事司法の問題をおおまかに知っておく必要があります。

日本の刑事司法は問題が多く後れているとの指摘は昔からあったのですが、近年は、専門家のみならず普通の市民も、そうした報道や意見を目にする機会が増えてきました。

この点については、そんなことはない、日本の刑事司法は洗練されている、という反論もあります。しかし、私は、長年民事系のいわゆる学者裁判官（研究をも行う裁判官）として務めながら刑事司法のあり方をも見詰めてきた者として、この点については、残念ながら、先の指摘のほうが正しいと思います。

これは、第7章で論じる雇用の場合等をも含め一般的にいえることですが、確かに、日本の法理論や解釈、あるいは法的なシステムは、それなりに精緻《せいち》に組み立てられているという意味での「洗練度」については、かなり高いでしょう。しかし、法が、「そうした意味で洗練されているか否か」と、「それが適切なものであるか否か」とは、別のことです。

国連の拷問禁止委員会でアフリカの委員から「日本の司法は中世並み」という趣旨の指摘を受けた日本の大使が、苦笑を押し殺す人々に向かって、「シャラップ」と声を上げた映像が流出した事件（二〇一三年）は有名です。この大使の激怒の背景には、アフリカ人に対する差別意識があるようにも感じられます。いずれにせよ、「ガラパゴス的に進化した日本の近代・現代が、実は、世界標準から大きく外れたものとなっているのではないか」という疑いが公の場で明らかにされたという意味で、私にとっても、実に「苦い、痛い」出来事でした。

二つの大きな問題

日本の刑事司法制度には、二つの大きな問題があります。

第一は、「人質司法」、つまり、身柄拘束による精神的圧迫を利用して自白を得るやり方です。日本の刑事司法の顕著な特徴であり、冤罪の温床となっています。

刑事司法手続では、逮捕に続き、被疑者の勾留《こうりゅう》が行われます（「被疑者」は、捜査の対象となっているがまだ公訴を提起されていない者。「被告人」は、公訴を提起された者。この違いは覚えておいてください）。

被疑者の勾留は原則一〇日間ですが、二〇日間まで延長が可能であり、犯行を否認すれば二〇日間勾留される可能性が高いです。逮捕から勾留までの期間を考えると、さらに、最大限三日間が加算されます。たとえ比較的軽微な犯罪であっても、否認すれば、勾留されたまま、こんなに長く責め立てられるわけです。

勾留の理由（刑事訴訟法二〇七条一項、六〇条一項）、ことに「罪証隠滅《いんめつ》・逃亡のおそれ」に関する裁判官の判断はなお甘く、検察官の勾留請求が却下される割合は限られます。たとえば、フリーターなどは、「身元のしっかりしていない人間」とみられやすいというのが現実です。

また、勾留は、拘置所ではなく警察署施設内部の代用刑事施設（いわゆる留置場、代用監獄。刑事収容施設及び被収容者等の処遇に関する法律一五条、三条）で行われるため、時間にかかわりなくいつでも取調べがなされえます。否認を続ける限り過酷な取調べから逃れられないため、被疑者は、虚偽の自白を行うことになりやすいのです。

そして、勾留はこれで終わるわけではありません。否認したまま起訴されると、被告人は、起訴後間もなく身柄を代用監獄から拘置所に移されるものの、そのまま起訴後の勾留が続き、自白するまで、あるいは検察側証人の証言が終わるまで、保釈が許されないことがままあるのです。

さらに、事実認定が難しそうな否認事件では、被疑者の勾留と同時に、弁護人以外の者（家族、友人等）との接見を禁止する決定が付されることが多いのです。いわゆる接見禁止決定です。これは、被疑者・被告人にとっては非常な苦痛を伴います。

第二の問題は、刑事系裁判官の審理、判断が、往々にして非常に検察寄りだということです。冤罪事件、あるいはその可能性が高いといわれる事件の判決を読むと、裁判官は、検察官の主張やそれに沿う自白調書の内容については、ほとんどありえないようなことでも認めてしまう反面、被告人の反論については、相当の理由があっても、ごく簡単にしりぞけていることが多いのです。

本来、刑事訴訟で必要とされる証明度は民事訴訟のそれよりもはるかに高いはずなのですが、実際には、そうした事件では、裁判官は、「民事でもおよそ原告を勝たせられないようなずさんな立証で、原告側に当たる検察官を勝たせている」のです。結果として、ほとんど被告人に無罪の証明責任があるかのような「有罪推定」の裁判になってしまっており、再審事件では、その要件が厳しいこともあって、右の傾向はさらにひどくなります。

「片手でどんぶりも持てない小柄で非力な女性が、被害者に怪しまれることなく車の運転席から後部座席にいつの間にか移動し、自分より体格、体力のまさった被害者を、後方から、ヘッドレスト等に妨げられることもなく、やすやすと、また、一切の痕跡を残さず絞殺し、自分より重い死体を間髪をいれずに抱えて車両外に下ろし（現場に死体を引きずった跡がない）、わずか一〇リットルの灯油で内臓が炭化するまで焼き尽くし、さらに、街路灯もない凍結した夜道を時速一〇〇キロで走ってアリバイ作りをした」

第二次再審請求までが棄却された「恵庭《えにわ》ＯＬ殺人事件」における検察官の主張、裁判所の認定の大要を継ぎ合わせてゆくと、右のようなことになります。この文章のどの部分をとっても、陪審裁判（有罪無罪の決定は陪審員のみで行う。英米法系諸国に多い）であればまずは無罪となるような大きな問題を含んでいます。

たとえば、一〇リットルの灯油で豚の死体を焼く実験を行ってみると、炭化どころか表面が黒く焦げるだけなのですが、陪審裁判なら、これだけで「即刻無罪」でしょう。先のような認定をみると、これはもはや中世の暗黒裁判や魔女裁判と同じなのではないか、と思わざるをえないのです（詳しくは、拙著『ニッポンの裁判』〔講談社現代新書〕第3章参照）。

また、冤罪は右のような重大事件には限りません。刑事裁判官の中には約三〇件の無罪判決を確定させた人（後記木谷明氏）もいます。しかし、この裁判官の下にだけ無罪事件が集中したというのは、きわめて考えにくい事態です。つまり、この例は、無罪事件をほとんど出していない多くの刑事系裁判官が、実際には無罪である事件の相当部分について有罪判決を出している可能性が高いという、恐ろしい事実を浮かび上がらせているのです。

日本の刑事裁判のこうした問題の原因については、正直なところ、長年民事系裁判官を務めた私にも未だによくわかりません。しかし、それが、日本社会の抱えてきた構造的な問題の最も根深い部分とかかわっていることだけは、間違いがないと思います（冤罪事件についてはきわめて多数の書物が出版されてきましたが、最近の包括的な研究としては、刑事系の学者らによる、吉弘光男・宗岡嗣郎《しろう》編『犯罪の証明なき有罪判決――23件の暗黒裁判』〔九州大学出版会〕、木谷明『違法捜査と冤罪――捜査官！　その行為は違法です。』〔日本評論社〕があります。これらは、本書ではふれない、戦後の警察による証拠の捏造《ねつぞう》、拷問やおどし、検察による不利な証拠隠し等の事実について詳細に論じています。いずれも、専門書ではありますが、法学を学んだことのない人でも読める内容です）。

痴漢冤罪とその具体的防止策

さて、以上を予備知識とした上で、普通の男性にとって巻き込まれる可能性の最も高い冤罪である痴漢冤罪の予防策について、具体的に考えたいと思います。

まず、最初に、電車内の「痴漢」がどのような犯罪になるのかを説明しておきましょう。一般的には、各地方公共団体のいわゆる迷惑行為防止条例違反罪、あるいは強制わいせつ罪（刑法一七六条）が成立します。その件数は年二〇〇〇ないし三〇〇〇件台であり、うち九割以上が迷惑行為防止条例違反罪です。

検挙されたのは実際に行われた痴漢行為のごく一部でしょうから、検挙されずに逃げおおせる犯人がかなり多いことがうかがわれます。その中には、痴漢行為を繰り返している常習犯がいます。彼らは、満員電車で、女性に気付かれないようにそっと近付き、犯行後も巧みに立ち去ります。そのテクニックを駆使して、女性の後ろにいる他人が痴漢行為をしているように見せかけるのです。その結果、身に覚えのない罪で逮捕される人が後を絶ちません。

痴漢冤罪には二つのパターンがあります。第一のパターンは、ごく普通の痴漢冤罪です。これについては、まず、一般的な予防策を挙げておきましょう。

①混んでいる車両では、できる限り女性の後ろに立たないこと。前記のとおり、痴漢は、女性の後ろにいる人に罪を着せて逃げられるように、横から手を出すことなどが多いからです。ことに、真後ろで密着するような位置に立つのは最悪です。

②できれば両手で吊革につかまり、かつ座席に対面して立つこと。それが無理な場合には、片手で吊革を持ち、片手で鞄を持つなどして、両手をふさいでおくこと。痴漢騒ぎが起こったときに疑われないですみます（なお、騒ぎが起こってもあわててその姿勢を崩さないように注意。そのままの姿勢で対応しましょう）。

③絶対に、泥酔した状態で満員電車に乗らないこと。年末等宴会、飲み会の多い時期にはことに注意すべきです。

実は、以上に述べたうち最も危険な行為は、③かもしれません。気がついてみたら現行犯逮捕されていた。何がなんだかわからない。何も覚えていない。したがって、「やったでしょう！」と言われても何の申し開きもできない。そういう事態となりかねません。

「だって、宴会なんだから、仕方がないじゃないか」と言う人がいるかもしれませんが、喫茶店等で酔いを覚ます、タクシーで帰る、ビジネスホテルに泊まるなど、対処法はいくらでもあります。

数はあまり多くないと思いますが、第二のパターンが、恐喝や脅迫の手段として行われるフレームアップ（でっち上げ）型です。

これは、集団による暴力を伴うスリ（二人以上が押さえ付けている間にもう一人が財布等を取る）と同じく、集団で痴漢の外形を作り出すものです。女性を含む何人かのグループでターゲットを取り囲み、女性が痴漢を訴え、その後、面識のない他人を装った男たちがターゲットをつかまえ、引っ立てる。そして、恐怖に震えるターゲットを「じゃあお金で解決しますか？」と恐喝するわけです。

目的はほとんどの場合金銭ですが、より恐ろしいのは、これが、ターゲットを脅迫したり、その社会的地位に致命傷を与えたりするために使われる場合もありうることです。そのような事態をもくろむ人間や組織に依頼されたグループが、さらに精妙な作戦を仕掛けることになります。闇に葬られてしまうので、その実態はよくわからないのですが、こうしたケースも実際に存在するといわれています。

このパターンについての予防策は、電車内では常に一定の注意力を保って周囲に気をつけていること、電車内で女性を含む怪しい集団に取り囲まれそうになったらすぐに逃げること、です。

身に覚えのない痴漢の疑いをかけられたら！

次に、それでは、不幸にして、痴漢などしていないのに女性からそのように言われてしまったらどうするかが問題です。

これについては、被害者、駅員、警官等相手方の出方次第という部分があって、意見が種々分かれ、唯一の正解はありませんが、まずは私の考えを書きます。

①可能であれば、穏便に現場から立ち去るのが一番といわれています。自分のほうが電車から降りる、被害者が降りるなら車内に残る、ということです。ただし、後記のとおり、無理矢理逃げるようなかたちはだめです。

②①が無理な状況であれば、まず、「私はやっていません。どなたか証人になってくださる方はいませんか？」と呼びかけて、応じてくれる目撃者がいれば、名刺をもらうか連絡先を聴いておきましょう。目撃者の確保はこの時点でしかできないからです。

また、相手の女性にふれないように気をつけてください。繊維片が残って証拠とされるおそれがあるからです。

③ 駅員や相手の女性に、住所、氏名、自宅の電話番号を告げ、その正確性を示す書面(運転免許証等)を示した上で、その場を立ち去ります。名刺を渡して立ち去るという方法もありますが、その場合、被害者が勤務先に被害を訴える事態もありえます。しかし、それで立ち去れるのであれば、次善の策としては仕方がないでしょう。

立ち去れるならそうするほうがよいのは、その場を立ち去れば、身柄の拘束には逮捕状が必要になり、そのためにはそれなりの証拠が必要になるからです(刑事訴訟法一九九条)。

痴漢については現行犯逮捕ができ、現行犯逮捕は逮捕状なしで誰でもできますが、犯行または犯行の終了を逮捕者が現認していることが基本的な要件です(同法二一二条一項)から、駅員が現行犯逮捕をするのは、基本的には難しいはずです。

「私には逮捕される理由がありません。私は、証拠隠滅も逃亡もしません。しかし、今は用があるので、ここにはいられません」と告げて「落ち着いて、かつ穏便に」立ち去ることが必要です。

重要なのは、堂々と落ち着いて対応することです。何も言わずに走り去って逃げたりすると、かえって現行犯逮捕されることになりかねません(同条二項の準現行犯と認定されかねない)。また、裁判官に有罪の心証を抱かせるおそれもあります。

以上②、③については、可能なら、やりとりを録音しておいたほうがいいでしょう。
④その後、できる限り早く弁護士に連絡を取ります。警察の呼出しを受けたり、逮捕状が出てしまって逮捕されたりした場合の対処方法について、相談しておくためです。
⑤もしもその場を立ち去れない場合には、スマホで近隣の適切な弁護士事務所を探して電話し、現場に来てもらいます（駅員室等へ行くと隔離されてしまい、すぐに警官が呼ばれるので、可能であればその場で弁護士を呼ぶほうがよいといわれています）。難しければ、家族に電話して弁護士を頼んでもらい、弁護士から連絡を取ってもらいます。
以上のとおりですが、③については、その場を立ち去るよりも、とどまってすぐに弁護士を呼んだほうが逮捕・勾留の可能性を含めその後のリスクがより小さくなるという弁護士もいるようです。しかし、すぐに弁護士を呼ぶことが可能かという問題があり、穏便に立ち去れるなら立ち去るほうがベターという意見のほうが一般的だと思います（私が意見を聴いた法律家たちの意見も、刑事に詳しい弁護士による、弘中惇一郎『生涯弁護人 事件ファイル2』〔講談社〕の記述も、私見と大筋同様です）。

なお、近年は、痴漢冤罪ヘルプコール等とセットになった個人賠償責任保険（日常損害賠償責任保険）という保険料が比較的少額の保険もあり、これに入っておけば、問題が起こった時に原則数分で弁護士と電話できるようです。

もっとも、こうして書いていても、私自身、「疑いをもった人々に取り囲まれてしまったら、たとえ法律家であっても、沈着冷静に対応できるだろうか？」という危惧はぬぐえません。

実際、法学部の教授にさえ、冤罪の可能性が高いといわれる痴漢の疑いで退職を余儀なくされた人がいました。まずは、先に記した予防策を徹底することが大切です。

もしも逮捕されてしまったら！

たとえば、相手の女性があなたを痴漢だと確信してあなたをつかまえていたり、駅員を強く促してあなたをつかまえさせたりすれば、とりあえずは、彼女による現行犯逮捕ということになってしまいます（犯行を現認していれば被害者も現行犯逮捕が可能ですし、他の者にそれを行わせることも、現認者の補助、協力としてなら、可能とみる余地があるからです）。

そのようにして、現行犯逮捕され、あるいは勾留されてしまった場合には、何をおいても、弁護士に面会、委任することが必要です。

逮捕から勾留までの間の制度としては、「当番弁護士制度」があります。交替で当番に当たっている弁護士が、一回は無料で被疑者に面会に来てくれる制度です。

逮捕後、本人が依頼する場合には、警官、検察官等に「当番弁護士を呼んでください」

と伝えれば、当番弁護士が来てくれます。もちろん、未成年者でも頼むことができます。もっとも、基本的には二十四時間対応ですが、夜間等については、留守番電話等によりとりあえず受付のみをしているところも多いようです。

捜査当局側が、逮捕した被疑者に対して「弁護士を呼ぶ権利がある」と口頭で伝えるのみで、当番弁護士制度の存在について具体的に説明しない場合には、被疑者が、「知っている弁護士がいないから弁護士を頼むことはできない」と思い、そのまま取調べが続いていってしまうことも多いといいます。

したがって、この制度の存在については、よく記憶しておいてください。

当番弁護士は、被疑者の家族が頼むこともできます。その場合には、被疑者が逮捕された場所の弁護士会に電話すれば、当番弁護士の手配をしてくれます。

当番弁護士による接見後にその弁護士に引き続き弁護活動をしてもらいたいときには、私選弁護人として選任することができます。また、その弁護士が受任できなければ、弁護士会から別の弁護士を紹介してくれるように依頼することもできます（より一般的にいえば、私選弁護人を頼みたい被告人、被疑者が弁護士を知らない場合には、弁護士会に対し、弁護士を紹介してくれるよう申し出ることができます〔私選弁護人選任申出制度〕）。

私選弁護人に委任する資力がない人のためには、勾留された、あるいは勾留を請求された被疑者のための被疑者国選弁護（刑事訴訟法三七条の二。同法三六条の被告人国選弁護に対応する制度）、また、日弁連の刑事被疑者弁護援助事業（逮捕段階で利用可能）等の制度が設けられています。これらの利用については、当番弁護士に相談するといいでしょう。

弁護士に会えるまでの間は、憲法上の権利（憲法三八条一項。刑事訴訟法一九八条二項）である黙秘権を行使して、住所氏名等以外の事項、つまり犯罪そのものについては、「弁護士と会えるまで黙秘します」として答えないのが適切です（もっとも、警官がそれで尋問をやめるわけではないので、強い意志力が必要ですが）。さらに黙秘を続けるのが実際上有利かどうかについては、場合によるので、弁護士と相談しましょう。

なお、供述調書については、読み聞かせられた内容に誤りがあれば増減変更を申し立てることができ、また、署名・押印を拒否することもできます（刑事訴訟法一九八条四項、五項）。後者については理由は必要ありませんが、実際上は、調書の内容がみずからの供述と異なっている場合にされるのが普通でしょう。供述調書は重要な証拠となるので、内容やニュアンスに誤りのある供述調書に署名押印してはいけません。迷う場合には、とりあえず署名押印を保留して、弁護士と相談するのが適切です。

最後に付け加えれば、誰もが冤罪に巻き込まれやすいほかの事件類型としては、万引きがあります。歩道にまで大きくはみ出して商品を陳列しているような商店については、注意してください。商品を持ったまま歩道の方まで出て行って、万引きを疑われる例があるからです。このような店では、経営者の感覚も特異なことがありますから、すぐに警察に通報されたりしやすいという問題もあります。

これについても、ずっと昔のことではありますが、裁判官がつかまり、やはり冤罪の可能性が高いといわれていたにもかかわらず退職に至った例がありました。

普通の人でも起こしやすい刑事事件類型

冤罪を離れて、普通の人でもつい起こしてしまうことのある犯罪類型についても、いくつか挙げておきましょう。

まずは、特に少年や若者が起こしやすいものを挙げます。

ほとんど罪の意識のないままして しまいやすいのが、捨てられているように見える放置自転車を、そうなのだろうと考えて拾ってくる行為です。それが本当に捨てられたものではなく、乗り捨てられた盗難自転車だという事態は、よくあります。そうすると、占有離脱物（遺失物）横領（刑法二五四条）に問われます（なお、態様によっては、より重い窃盗とされる余地も、ないではありません）。また、本当に捨てられたものかどうかは調べてみなければわからないので、たとえば警官に職務質問された場合などに、当面は「犯罪の疑いがある」という取扱いをされる可能性もあります。

したがって、たとえ捨てられたもののように見えても、放置自転車に乗ったり拾ってきたりするのは危険なのです。

また、バイト先のレジから五〇〇〇円、一万円といった比較的少額の金銭をくすねる行為もかなりあります。これは、ごく普通のバイト高校生がふと魔がさしてやってしまいやすい犯罪の典型ですが、窃盗になります（アルバイト学生は、レジのお金の「占有・管理者」ではないので、業務上横領ではなく、窃盗になるのです）。

電車等に忘れられた物の置き引きも、少年や若者がついやってしまいやすい犯罪類型です。これは、態様によっては、占有離脱物横領でなく、より重い窃盗になる場合があります（捨てられているように見える自転車の場合よりも、窃盗が成立しやすいです）。

以上のうち放置自転車盗で逮捕、勾留されることは少ないと思いますが、それ以外については、少年でも逮捕、勾留されることがままあります。親や学校は、よく注意しておく必要がありますね。

次に、大人も含めて注意しておくべき犯罪類型を挙げます。

意外に多いのが暴行、傷害です。ついかっとなって殴ってしまうというのは、全く前科、前歴のない人でもやってしまいやすい犯罪です。また、これについては、相手の攻撃が先立っていたとして正当防衛（刑法三六条一項）の主張がされることも多いのですが、正当防衛は、基本的に、「急迫不正の侵害」に対するやむをえない防衛について成り立つとされるもので、成立要件がかなり厳しいです（この点、たとえば、アメリカ法とは相当に異なります）。ことに、いわゆる「けんか、闘争」の場合にはそういえます。

暴力団構成員どうしのけんかの場合、刑事系の裁判官の中には、ほとんど正当防衛を認めない人もいます。私は、ある裁判官の会議で、おおむね一方的に攻撃を受けて半殺しにされた（そのままにしていては殺されてしまいかねなかった）被告人の反撃に正当防衛を認めなかった判決について発言を求められ、「これでも正当防衛にならないとすれば、暴力団構成員について正当防衛が認められるのは、具体的には、どんな場合なのでしょうか？」と質問したことがありました。しかし、返ってきたのは、気まずい、長い沈黙だったので、「了解いたしました。結構です」と切り上げました。日本の「ムラ」の一つ、「裁判官ムラ」においては、「ちょっと適切ではない」質問だったのかもしれません。

また、暴行については、殴った相手が倒れたら打ち所が悪くて死んでしまった、という事態も起こりうることには、注意しておくべきです。この場合、傷害致死罪（刑法二〇五条）となって、法定刑がかなり重くなります。

刃物を手にするのは、どんなに小さなものであっても論外です。裁判官として被疑者の勾留を担当していて、いたたまれない気持ちにさせられた例の一つが、「兄弟姉妹とけんかになって激高し、ついその場にあるナイフ（たとえば果物ナイフなど）を手にして突き出したら、あっけなく死んでしまった。殺すつもりなんかなかったのに」と訴えられる例です。しかし、これは、殺人罪に問われる可能性が高いです。

相続紛争を扱う第6章でもふれますが、血のつながっている兄弟姉妹は、憎み合うと、愛が憎しみに反転して、瞬時に燃え上がりやすいようです。『創世記』の最初のほうにカインとアベルの挿話（兄が嫉妬から弟を殺す。聖書における最初の殺人）があるのもうなずけます。

いずれにせよ、「人は、場合によっては本当に簡単に死んでしまう」ことだけは、思春期以降の子どもには教えておくべきです。殺人の多くは、実際には、近親や知人間の感情のもつれから起こるのですが、そうした場合、加害者が、「こんなはずではなかった」と呆然とする例も多いのです。

名誉毀損・侮辱については、背後にある問題も考える必要性

インターネットの普及に伴いリスクが飛躍的に高まったのが、名誉毀損、侮辱です。犯罪は皆そうですが、刑事のみならず、民事（不法行為損害賠償請求）の対象にもなります。

名誉毀損では、被告側は、① 摘示された事実の公共性、② 表現の目的の公益性、③ 事実の真実性、の証明をしないと敗訴します（刑法二三〇条の二）。③については、「真実であると信じるに足りる相当の理由」の証明でもよいとされていますが、裁判所は、政治家（メディア等から批判されることが多い）による突き上げの結果、近年は、この相当性の抗弁を容易に認めなくなっています。

侮辱罪（刑法二三一条）については、二〇二二年の改正で、法定刑に懲役・禁錮、罰金が入りました（なお、懲役・禁錮については「拘禁刑」に一本化されましたが、この点の施行は二〇二五年の見込みです）。

インターネットには匿名の誹謗《ひぼう》中傷が非常に多いわけですが、摘示した事実の真実性等が証明できなければ名誉毀損で、事実を摘示しなくてもその表現によっては侮辱罪で、刑事、民事の責任を問われえます。通常は放置されていますが、悪質なものについては、刑事公訴を求める告訴や損害賠償請求がありえ、そうすると、「リツイート」をも含め単なる拡散者もその対象になる可能性がある」ことには、ご注意ください。

もっとも、私自身は、名誉毀損における先の「真実であると信じるに足りる相当の理由」について過大な証明をメディア等に求めるのはもちろん、真実性の証明責任を被告側に負わせていることにも、侮辱罪の厳罰化にも、疑問をもっています。

それは、これらの方向性が、民主主義社会の最も重要な基盤である表現の自由をそこない、ことに、政治家、大企業等を含む権力者についての報道や批判を致命的に萎縮させるからです。

国境なき記者団による二〇二二年度の世界報道の自由度ランキング（少なくとも、一つの意味ある指標です）では、日本は、実に七一位、台湾、韓国よりもかなり低く、「問題あり」のグループに入ってしまっています。こうなってしまった原因の大きなものが、前記のような動きをも含めた、自民党による近年のメディア支配政策です（かつての自民党には一定の自制があり、少なくとも、こういうことまではしませんでした）。

アメリカ社会とその民主主義には、日本とはまた異なった意味で、深刻な問題があると思います。しかし、アメリカ法は、以上のような観点から、表現の自由については非常に重きを置いており、公人については、日本とは逆に、被害者側に、摘示された事実の非真実性、また、現実の悪意（故意またはそれに準じる悪意）の証明を要求しています。この例にとどまらず、アメリカ法が、全般的に、表現の自由の機能、意味を重視して権力等の行使に関する批判の自由を保障し、そうすることによってその透明性を保とうとしていることは、評価すべき、また、参考にされるべき事柄だと思います。

法がこうした領域に立ち入るに当たっては、ミクロな視点だけではなく、社会全体の利益というマクロな視点からの考慮も、必ずなされる必要があります。警察や検察は、権力機構として、当然のことながら、権力の拡大を望んでいます。しかし、警察や検察の権力拡大は、結局、権力や金力をもつ者にとって不都合な言論を狙い撃ちにする捜査や起訴の余地を広げる結果をもたらし、必ずや、民主主義の弱体化と停滞、権力のほしいままな行使を招きます。それは、個人のみならず、社会や国家の健全性のためにも、よいことではありません。

名誉毀損、侮辱の拡大については、こうした危険性についても認識しておいていただきたいと思います（以上につき、詳しくは、『ニッポンの裁判』第4章、また、法学セミナー七四一号二八頁以下の拙稿「スラップ訴訟、名誉毀損損害賠償請求訴訟の現状・問題点とそのあるべき対策（立法論）」参照）。

また、インターネット上の悪質な誹謗中傷については、SNSを始めとするオンラインプラットフォームの多くが、それらについて「基本的に関知せず」との態度を取っていることにも、大きな問題があります。

この点については、欧米、ことにヨーロッパでは批判されており、規制のための準備、環境整備が始まっています。たとえばこうした分野におけるヨーロッパの規制は、熟考された慎重なものであることが多く、これもまた参考になると思います。先のような書き込みについては、本来、まずは、右のような規制で対処すべきものではないでしょうか。

第5章

離婚、子ども、不貞
——家族にかかわるトラブル

どんな場合に離婚できるのか――離婚事由

この章（親族法関係）と次の章（相続法関係）、また、第7章の雇用の項目等で論じる事柄については、紛争・危険防止のために、まずは関係する基本的な法律論や起こりうる紛争に対する対処の方法を知っておく必要があり、一方、それらの知識があれば紛争や危険も避けられるという関係が成り立ちます。この章の記述は、主としてそうした観点からのものです。

どんな場合に離婚できるかについては、民法七七〇条に規定されています。①不貞、②悪意の遺棄《いき》（夫婦間の扶助、協力、同居等の義務の違反）、③三年以上の生死不明、④強度の精神病で回復困難、⑤その他婚姻を継続しがたい重大な事由、ということです。

もっとも、同条二項では、①から④までの事由については、これがあっても裁判官は諸般の事情を考慮して離婚請求を棄却することができるとされており、基準としてはあいまいで、裁判官の裁量の幅が大きいものとなっています（ただし、現在の実務では、二項による請求棄却はなされていないようです）。また、実際に離婚訴訟等で中心的に問題になるのは、多くが、いわゆる性格の不一致等の⑤に当たる事柄です。

そして、判例は、有責《ゆうせき》配偶者すなわち婚姻の破綻について主な責任がある者の離婚請求を認めてきませんでした。この法理は、戦後当初は「身勝手な夫からの離婚請求を認めない」という意味があったのですが、やがて、この法理の結果、①妻が別れたい場合にも夫が「妻は有責配偶者である」と主張すれば訴訟にまで至る争いをしなければならない、また、②「夫婦が相互に相手が自分よりも悪いことを主張しあう」のが離婚訴訟の一般的なあり方になってしまう、などの弊害のほうが目立つようになりました。

これに対し、欧米の考え方は、「たとえば別居期間が一定期間（たとえば三年間、一年間等）になるなどにより婚姻の破綻が明確になればそれだけで離婚を認め（つまり、離婚の基準を明確にし）、離婚によって妻等が不利益を受ける場合については、離婚給付や社会的セーフティネットの充実で対処する」という方向に向かいました。

このことを考慮してか、最高裁一九八七年（昭和六二年）九月二日判決は、有責配偶者の離婚についても、①婚姻期間と対比して長期間の別居、②夫婦間に未成熟子（「親の監護なしでは生活を保持できない子」という意味であり、必ずしも年齢にかかわらないとされています）がいない、③離婚を認めることがいちじるしく社会正義に反するような特別な事情がない、という三要件を満たしていればこれを認める、という新たな基準を立てました。有責配偶者の離婚請求も一定の場合には認めるということです。

これは一見欧米のような方向に舵《かじ》を切ったかにみえるのですが、①について非常に長い期間を想定しているようにみえ（この事案では実に三六年間）、実際には、「従来の判例を多少修正し、有責配偶者の離婚請求を認める余地を開いたにとどまる」ものと解したほうが正確だと思います。

したがって、その後も、前記のような離婚訴訟の主張立証上の問題（「相手のほうがより悪い」ことを主張しあう）はあまり変わってはいません。そして、先の三要件のうち①については、婚姻期間が長期間にわたる場合であっても別居期間が八年ないしそれに準じる程度の期間になっていれば「長期間の別居」といえる、②については、たとえば子の成人が近付いており、かつ有責配偶者が金銭面等を含め子の面倒をきちんとみている場合には離婚を認める余地がある、といったところが判例の一般的な考え方でしょう。

しかし、なお基準の不明確な判例法理が、婚姻においてしいたげられている弱者を本当に保護することになっているのかどうかはかなり微妙です。また、日本で離婚訴訟に至る事案は後記のとおりごく一部であるため、訴訟にまで進んだ段階で婚姻関係の修復が可能な事案は、実際にはまずない（つまり、当事者の一方である原告は、「絶対に別れたい」と思っている）にもかかわらず、先のようなお互いの関係をより悪くするだけの審理を細かく行うのが本当に適切なのかも疑問です。そして、右のような疑問をもつ学者、実務家も少なくないというのが事実です。

とはいうものの、現実の離婚訴訟は先のような枠組みで行われていますので、そこでどのような主張立証を行うべきかについて、ふれておきましょう。

婚姻が破綻しているか、しているとすればどのような経過で破綻に至ったのかを、具体的で動かしにくい事実(当事者のいずれもが認めている事実、各種の書証から明らかな事実)を中心としながら主張立証し、各事実を説得力をもって意味付け、関係付けてゆくことが最も重要です。大切なのは、相手に対する感情的な非難や批判ではなく、的確な事実の積み上げとその意味付けなのですが、当事者も弁護士もつい前者のほうにかたむいてしまいやすいので、注意すべきです(『ケース』28、29事件は、有責配偶者の離婚請求について、先のような枠組みに従いながら詳細な事実認定を行った請求棄却例と請求認容例です)。

離婚のための手続

次に、離婚のための手続としては、①協議離婚(民法七六三条)、②調停離婚(家事事件手続法二四四条。以下、この法律については、「家事」と略します)、③審判離婚(家事審判による離婚。家事二八四条)、そして前記の④裁判離婚、また⑤裁判上の和解離婚、あるいは認諾《にんだく》離婚(相手の請求をそのまま認める)があります。訴えを提起する前に調停を経なければならないという調停前置《ぜんち》主義(家事二五七条)がとられているため、③以下は調停不調の場合の手続となります。

おおまかな割合としては、①が九割弱、②が一割弱、③は約一パーセント、④と⑤は合計二パーセント台であり（二〇二〇年）、裁判所、裁判官が関与する離婚の割合が小さいのが、日本の離婚手続の目立った特徴です。

本来、離婚については、特に、弱い立場になりやすい妻や子の保護という観点からは、裁判所ないしはそれに準じる機関による最低限のチェックがなされることが望ましいといえます。たとえば、合意が本当に成立しているのか、財産分与等の離婚給付は適切に行われるのか、子の面倒は誰がみるのか、養育費とその支払、また子とともに暮らさないことになる親と子の面会交流等について適切な合意ができているか、などといった事柄です。

しかし、日本の制度では、前記のとおり協議離婚が大半ですし、調停離婚でも、右のようなチェックはあまり行われていません。この点では、日本の制度は、明らかに国際標準に後れています。また、調停委員の質が必ずしも保証されていない（当たり外れがある）ことも大きな問題です。

したがって、調停については、ことに次項で述べるような離婚給付を強く求めたいような場合には、弁護士に委任して臨むのがベターです。

離婚慰謝料、財産分与、年金分割

離婚慰謝料と財産分与については、個別に訴訟（前者）、家事審判（後者）で請求することもできますが、協議離婚や調停離婚ではこれらについても話合いで決めるのが普通でしょうから、裁判所に持ち出されるのは、主に、離婚訴訟に付随、附帯《ふたい》してこれらが求められる場合です。なお、離婚とは別に請求する場合には、可能な期間が比較的短いことに注意しましょう。慰謝料が離婚後三年（民法七二四条一号）、財産分与が離婚後二年（民法七六八条二項）です。前者は消滅時効であり、後者は除斥《じょせき》期間と解されています。

時効と除斥期間について、簡単に説明しておきましょう。時効は、その中断が認められ、また、その効果を主張するには「時効を援用する」必要があります。一方、除斥期間は、中断は認められず、援用の必要もありません。純然たる権利行使可能期間ということです。

離婚慰謝料は、離婚について有責である配偶者に対して請求できます。金額は、おおむね一〇〇万円から五〇〇万円くらいの間であり、有責性の程度いかんにもよりますが、二〇〇万円ないし三〇〇万円くらいが比較的多いのではないかと思います。請求者の側からみれば、それほど大きな金額ではないですね。

財産分与については、基本は、「婚姻後に二人の協力によって形成された財産の二分の一」なので、資産のある夫婦の場合には大きなものになりえます。なお、不動産について妻が取得するような場合には、精算的な金額との引換給付《ひきかえ》になることがありえます（不動産が資産の中で大きな割合を占めている場合に一方がこれを取得するなら、金額的には二分の一を大きく超えるので、精算が必要になりうるということです）。

また、離婚訴訟では、年金分割（婚姻期間中の保険料納付額に対応する厚生年金の分割）を求めることもできます（なお、離婚訴訟外において、家事調停、家事審判で求めることも可能です）。これについては、原則として離婚から二年が経過する前に当事者間の合意書や判決等を添えて年金事務所に請求することも必要です。

親権者の指定、養育費と生活費、面会交流

① 親権者の指定

離婚に付随して子に関して決められる事柄（民法七六六条）のうち離婚訴訟でその争いが激しくなりやすいものの一つが、親権者の指定（民法八一九条二項）です。判断基準は、基本的には「子の最善の利益」ですが、具体的には、子の年齢、親の扶養能力や意欲、従来の監護状況（両親別居の場合等にいずれの親が監護していたか）、子育て協力者の有無、複数の子がいる場合に親権者を別々にすることの適否、等々の総合考慮です。かつてはほぼ母親が原則だ

ったのですが、現在では実質的な総合考慮が行われています。父親が親権者となる例は、全体でみれば一割程度ですが、父親がそれを強く求める場合には、それよりは有意に高くなっていると思われます。

もっとも、乳児であれば母親となる例が多く、また、母親が単独で監護していた期間が長ければ母親が有利とはいえるでしょう。したがって、妻が夫の暴力等を理由に別居する場合、親権取得という観点からは、とりあえず夫の下に子どもを置いてゆくという選択は、避けるべきといえます。

親権者の指定について争いがある場合には、家庭裁判所調査官による調査が行われることも多く、裁判官もその内容は重視します。

なお、親権者とは別に監護権者が指定される例もあります。これは、親権の内容に含まれる財産管理権と身上《しんじょう》監護権（身の回りの世話をする権利）のうち後者については監護権者に行わせるというものです。親権者の争いで離婚紛争が長引いている場合に、妥協案として親権者を父に、監護権者を母にするなどといった例がありますが、子のために適切であるのか疑問という意見も多く、裁判離婚ではこれらを別に指定する例はあまりないと思います。

② 養育費（監護費用）、生活費（婚姻費用）

離婚後の子の養育費（監護費用）についても、離婚訴訟で求めることができます。

これについては、裁判官、家裁調査官によるおおよその基準としてのマニュアルが作成されており、それに従って決められる例が多いようです（裁判所ウェブサイトの「養育費・婚姻費用算定表」で見ることができます）。たとえば、子二人（ともに一四歳以下）、支払義務者（父親が多い）の給与が六〇〇万円、同権利者（母親が多い）の給与が二〇〇万円の場合、養育費は九万円くらいです。養育費支払の期間は原則として子が成人に達するまでですが、大学進学が見込まれる場合には二二歳に達するまでとする例も多いので、その点はよく話し合っておきましょう（なお、成人年齢は現在は一八歳ですが、それが二〇歳であった時代の調停等で「成人に達するまで」と合意されていれば、原則として「二〇歳に達するまで」と解釈されています）。

子の養育費を協議離婚で決める場合には、強制執行が可能になるように公証人に公正証書を作成してもらっておくほうがいいでしょう。支払義務者に対する強制執行の手続も、民事執行法にそのための特則が設けられています（一五一条の二。一部の不履行があれば将来分についてもあわせて執行が可能。なお、婚姻費用〔婚姻中の日常生活費用のこと〕についても適用あり）。しかし、いずれにせよ強制執行はそれほど簡単ではなく、権利者が義務者の給与支払者等から直接に給付を受けることのできる制度創設の必要性が、従前から強く主張されています。現在でも、給与支払者をも含めた合意をしておけば、ほかの債権者との競合が生じない限り、直接銀行振込みをしてもらう方法は可能（その例はある）といわれています（拙著

『民事保全法』の項目〇三二―二)。なお、母子家庭全体についての統計でみると、養育費を受け取っているのは、実に、全体の四分の一くらいにすぎません。

関連して、夫婦が別居している場合の生活費や養育費については、家事調停や家事審判で求めることになります。近年は、調停や審判の申立時よりも前にこれを「請求」していれば、請求の時点以降について認めてくれる例が多いようです。請求は、内容証明郵便等の、確実にその内容と行使の時期を証明できる方法によりしておく必要があります。

また、離婚訴訟でも、別居後離婚までの養育費の支払を求めることができ(最高裁二〇〇七年〔平成一九年〕三月三〇日判決等)、また、過去の婚姻費用については財産分与の決定に当ってこれを考慮してもらうことが可能です(最高裁一九七八年〔昭和五三年〕一一月一四日判決)。もっとも、養育費は婚姻費用に含まれるという位置付けになりますから、婚姻費用と重複して求めることはできないと解されます(財産分与に当たり考慮されるべき婚姻費用の中に養育費相当部分をも含めて主張すべきでしょう)。

しかし、こうした生活費、養育費については、残念ながら、本当に払いたくない、払わないという夫、父親が多いですね。私の手がけた範囲ですと、たとえば、大学教授夫妻についても、そうした不払から生じた紛争が複数ありました。

特に印象に残っているのは、夫婦間で約束したにもかかわらず長期間支払われていない婚姻費用につき、ある大学教授の妻が起こした、すでにした仮差押えについての仮差押禁止債権の範囲変更の申立てでした。民事執行法では退職金については差押え、仮差押えできる範囲が四分の一に限定されていたのですが、そのケースでは諸般の事情からその範囲を大幅に拡張すべきであると主張されていました（民事保全法による民事執行法一五二条、一五三条の準用。なお、現在では、婚姻費用等債権の執行については、前記の範囲は二分の一に変更されています）。「夫は別荘で教え子と事実上の同棲をしたりして好き放題やっている一方、自分のほうは生活もままならない」というのです。教授自身は、退職金を使ってヨーロッパで調査を行い、古典の原書を買い集める予定であるなど、その自己使用の必要性を強調していました。

さて、私は、リベラルアーツ関係や芸術には詳しいので、その教授の各著書が地味ながら実は相当に売れているのを知っていました。そこで、双方の主張が平行線をたどる中、教授側の弁護士に、「教授の本の印税は、相当な金額になっているでしょう？　もし相手側がそれに気付いて主張を行えば、退職金の仮差押えの範囲を動かす十分な事情になりうると思いますが、いかがでしょうか？」ともちかけました。これには即座に、「もしも妻が離婚してくれるなら、相当高額の金銭を一時に支払います」という応答がありました。みずからの弁護士のすすめで妻もこの提案をのむことを決意し、協議離婚の届出と同時に一括和解金を財産分与として支払うという内容の和解ができました。先の指摘には、さすがの教授も痛いところを突かれたようでした。

最後に付け加えれば、養育費を受け取っている場合には、たとえば、子どもから「ありがとう」というメッセージが一言送られるだけでも、払うほうの親にとっては支払を続けるための大きな励みになるのも事実です。

③ 面会交流

離婚後に子を養育・監護していない親（子と離れて暮らしている親）は、子との面会交流を求めることができます。協議・調停離婚ではその方法を決めておくのが適切ですが、決めていなくても、家事調停、家事審判を求めることができ、また、離婚前の別居期間中でもこれが可能とされています。なお、離婚訴訟で面会交流について判断のなされる例はほとんどなく、これについては、離婚訴訟とは別途に調停の申立てを促されるのが普通のようです。面会交流を定めるに当たっては、やはり子の利益が最も重視されます。

その強制については、家裁の履行勧告、強制執行としての間接強制（不履行について金銭の支払を命じることで間接的に履行を強制するので「間接強制」という）の方法がありますが、こうした紛争における強制の方法としては、必ずしも効果的とはいえないのが実情です。

面会交流については、日本では認めたくないという親も多いのです（母子家庭全体についての統計でみると、父親と子の面会交流をしている家庭は三割くらいです）が、ここでも、「子にとっての利益」という観点を第一にし、みずからの感情についてはある程度抑えて冷静に考えることが望まれます。もっとも、たとえば父親に会わせることが子にとってもよくないという事情があれば話は別です（子の虐待、性格上の顕著な問題等。なお、面会交流のない場合と養育費の支払のない場合が、かなり重なっている可能性はあります）。

離婚前の別居夫婦間の子の奪い合い

別居夫婦間の子の奪い合いは、本当に激しい争いになる紛争です。離婚前の夫婦は共同親権をもっていますが、その間で、妻がとりあえず別居してから子の引渡しを求める（配偶者からの暴力〔DV〕等により逃げるように別居したがその時点では子を連れて行けなかったとの主張がなされるのがその典型）、逆に、子を連れて出て行ってしまった妻に対して夫が子の引渡しを求めるなどのかたちで、子の奪い合い紛争が起こるわけです。

これについても、家事調停、家事審判を申し立てることができ、緊急性が高ければ審判前の保全処分（家事一〇五条以下、民事訴訟における仮処分に相当）を申し立てることもできます。この保全処分については、かつては、家裁はこれをきらってあまりやろうとせず、仕方なく地裁に人身保護請求という変則的なかたちで申立てがされることが多かった（本来は

「人身の不当な拘束を解く」ための手続をこの場合に流用していた）のですが、人身保護請求によりうる場合を限定した最高裁の判例等も出て、ようやく、先のような傾向は改善されました。

この場合の判断基準は、前記の親権者指定の場合とおおむね同様です。

子の引渡しの強制執行についても議論がありなかなか定まらなかったのですが、これもようやく、二〇一九年に民事執行法に規定が置かれました（一七四条以下。以上については、私も、裁判官時代の二〇〇一年に「日本家族〈社会と法〉学会」に招かれてシンポジウムで報告したことがあり〔同学会誌一八号六一頁以下〕、これに基づく論文も書いています〔判例タイムズ一〇八一号四九頁以下。後記一三八頁の論文集にも収録〕）。なお、この執行によって子どもがこうむりうる心の傷のケアについては、欧米では、あとから、医師、カウンセラー、ソーシャルワーカーなどの専門家によるケアが行われますが、日本にはそうした制度がありません。

国際結婚についての注意事項

国際結婚は日本でもかなり増えてきましたが、これがこじれた場合にさまざまな法律問題が生じうることについては、注意しておいたほうがいいでしょう。

たとえば、前項で論じた子の奪い合いについては、日本も二〇一三年に「国際的な子の奪取の民事上の側面に関する条約」いわゆるハーグ条約の締約国となり、その実施に関する国内法も作られたことに注意する必要があります。日本は長いことこの条約に加盟していなかったのですが、そのため、日本人の妻と外国人の夫の子を妻が外国から日本に連れ帰ってしまうと夫が自国の裁判所の判断を求める機会が失われるなどの理由から、海外からの批判、非難が強く、ついに締結に至ったものです。

ハーグ条約の基本的な内容は、①どちらの親が子を監護すべきかの判断は子の元の居住国で行われるべきであることなどを考慮し、まずは原則として子を元の居住国へ返還すること、②国境を越えて所在する親子の面会交流の機会を確保すること、です。子の返還事由、返還拒否事由については、いわゆるハーグ条約実施法二七条、二八条に定められています。

また、国際結婚等に関係する訴訟（国際家事事件）は、国際取引に関するそれと同様、広い意味での国際民事訴訟になりますから、訴訟をする場合にどの国で行うことになるかという国際裁判管轄の問題（人事訴訟法三条の二以下）から始まって、通常の民事訴訟にはない各種の問題が生じます（その意味で、かなり面倒なことになりえます）。

国際裁判管轄と並んで重要なのは、裁判でどの国の法律を適用するかという国際私法の問題です。つまり、たとえば日本で当事者の一方または双方が外国人である訴訟が行われる場合に、日本法と外国法のいずれを適用すべきかが問題になるわけです。通常の民事訴訟であればどの国の法律でも極端な相違まではないことが多いのですが、家族法については、宗教的な基盤をもつ場合があり、たとえばイスラム教国の法律では、女性の権利が相当に制限される場合もありえます。したがって、裁判において日本法と外国法のいずれが適用されるかにより、結論が決定的に異なってくることもありうるわけです。

国際私法については、現在では、「法の適用に関する通則法」が基本法であり、これをみても、「親族のセクション」がその中で大きなウェイトを占めていますが、その背景には右のような事情があるのです。

私は、この法律の立法準備作業を行っていた法制審議会に最高裁事務総局民事局の局付として二年間列席した経験があります。その経験に関して最も印象に残っているのは、「親族」、「相続」のセクションについて議論する際に、民間の任意団体である「外国人配偶者をもつ人々の会」(正確な名称は多少違っていたかもしれません)が、毎回、詳細で説得力のある、また切迫した筆致の意見書を出してきていたことでした。

そのころの法制審議会は今と違って日程がのんびりしており、立法が差し迫った時点の議論でもないのに、民間の任意団体が毎回詳細な意見書を出してくるなど、異例中の異例の事柄だったため、そのことが強く印象に残っています。外国人配偶者をもつ人々、特に外国人夫をもつ妻にとってこの改正がいかに重要な事柄であったかが、よくわかります。

もっとも、どこの国の法律も、当然のことながら自国民保護を原則、前提としていますから、以上のような法律の定めも、基本的な公平や公正をそこなわない限度で、日本人配偶者の権利や利益には配慮しています。

日本の家族法関連法制度・判例等の問題点

本書でも適宜指摘しているとおり、日本の法制度・システムには、なお近代・現代標準以前の法意識を引きずっている部分がありますが、家族法関係は、特にそれが目立つ領域の一つです。これを変えてゆくことも予防法学充実の一前提となると思いますので、どういう部分に問題があるかを、簡潔にまとめておきましょう。

まず、欧米標準と比較して、全体的に、弱者となりやすい者、具体的には女性と子どもの保護、ケアがきわめて不十分です。そして、その大きな原因の一つとして、時代の要請についてゆけていない家裁の制度と姿勢があります。

家裁は、本来、家庭と子どもに関するさまざまな法的問題（特に夫婦の別居や子の監護を含めた別居後の問題、また、子どもの虐待・ネグレクト等の問題）について、制度の全体を見据えながら関係の行政諸機関と連携し、その中心となり、関係者の人権にも配慮しつつ適宜、適切な命令等を発することによって手続の節目をコントロールし、それらの機関を監督、サポートする役割をになうべきものです。実際、欧米では、種々の問題はもちろんあるとしても、基本的な制度設計はそうなっています。

しかし、日本の家裁は、各種の人員も限られ、縦割り機構・組織の弊害もあって関係の行政諸機関との連携も乏しく、基本的には、限られた家庭内紛争について当事者の申立てに受け身で対処しているだけで、時代の新たな要請、すなわち欧米の家裁が果たしているような役割を日本の家裁も果たしてほしいとの要請に、十分に応えられていません（もっとも、日本でも、かつては、家裁調査官等が中心となって、地域の関係諸機関との協議やとりまとめを事実上行っていた時期があったのですが、そうした試みも一九八〇年代ころから後退してしまったようです〔あとがきでふれる大塚正之弁護士の見解〕。むしろ、こうした試みを制度化してゆく方向こそが望ましかったのですが）。

家裁は、二〇〇三年成立の人事訴訟法によって人事訴訟（夫婦、親子等の身分関係に関する訴訟。数としては離婚訴訟が最も多い）が家裁の管轄とされるまでは、長い間、「訴訟」を行わない裁判所でした。そうした事情もあって、その基本的精神は、民事訴訟について和解を至上の解決とするタイプの裁判官と同様に「和と説得」であり、また、前記の子の奪い合い紛争の処理方法に関する経過に象徴的に表れているように、対立の激しい紛争にみずから対処するのをきらう傾向が強いのです。

また、家族法関係の最高裁判例についても、体質の古さという問題はあります。たとえば離婚についても、後記の不貞慰謝料請求についてもいえることですが、判例の一番底のところに見え隠れしているのは、古い道徳をなるべく維持したい、壊したくないという価値観であり、それは、国民の多数がすでに容認している夫婦別姓制度についてさえ繰り返ししりぞけている（二〇一五年〔平成二七年〕一二月一六日、二〇二一年〔令和三年〕六月二三日、二〇二二年〔令和四年〕三月二二日）ことに象徴的に表れています。

司法、裁判が国民の意識と大きく離れては存在しえないのは事実です。けれども、一方、それが、社会における既成の観念という意味での常識の少なくとも一歩先に立って社会の進むべき方向を示し、新たな社会的価値を創り出すものでなければならないことも、真実であると思います。しかし、日本の裁判所は、家族法の領域でも、「すべての夫婦関係に適用されるルールとしてよりも、道徳的な宣言をする効果にとらわれていて、その判例が現実に果たす機能をきちんと考えていない」（後記対談〔一三八頁〕における水野紀子教授〔あとがきでふれる方〕の見解）という傾向が否定できないと思います。また、価値観という観点からみるなら、それは、「自民党の中核部分を始めとする保守派、守旧派」のそれをそのままなぞっているようにも見受けられます。残念なことです。

親族法の改正について

親族法については、二〇二三年現在改正の動きがあり、法制審議会から改正のための「中間試案」が出されています。大きな改正であり、私も、これについては詳細な意見を出していますから、うち特に重要と思われる点についてのみ、簡潔にふれておきます（なお、後に、できればウェブ公開もされる媒体に、論文も書くつもりです）。

第一に、離婚後の子の親権に関し、現在の民法では前記のとおり単独親権制がとられていますが、これについては、欧米のような共同親権制を導入すべきであるとの意見がことに父親の側から強く、試案にも、共同親権制導入案が、単独親権制を維持する案とともに出ています。

共同親権制それ自体は、両親と子、また両親どうしの関係に問題がない場合について認めるのなら、一つの望ましい制度だと思います。もっとも、海外の制度は、家裁等の注意深い監視とケア（たとえば、一方の親に何らかの問題があれば家裁が即時に介入して適切な処置をとるなど）とセットになっています。そうした制度的手当てのないままこれを実施するとさまざまな問題や紛争が生じうることには、よくよく注意しておくべきです。

私は、共同親権を認めるのなら、その要件については、とりあえず厳しく限定し、当事者（父あるいは母）の申立てに基づき簡易な審理を行った上での家裁の許可を必要とし、家裁が当事者の意思や具体的な共同親権行使の方法（子どもが両親の間を、週末等に、あるいは相互に期間を決めて、行き来するのか、一方とは面会交流のみが原則かなど）について確認した上でこれを認めるのが相当と考えます。父母の協議だけでこれを認めると、力関係の弱い者（全体としてみれば、母すなわち妻の側であることが多いでしょう）が合意を強いられるなどのことから種々の問題が生じ、ひいては子の福祉にも悪影響を及ぼし、制度の信頼もそこなわれるおそれがあるからです。離婚に関しては、最低限共同親権の問題だけは家裁が関与すべきであり、それが無理なら、当面は単独親権制を維持するのが穏当だと思います。

第二に、養育費の分担、面会交流等子の監護について必要な事項を定めておくことを協議離婚の要件にするとの考え方には賛成です。もっとも、これについては、やはり、何らかのかたちで家裁が関与するのが適切でしょう。

第三に、養育費に関する定めの実効性向上にも賛成です。しかし、自動的に養育費請求権が発生する仕組みというのはなかなかデザインが難しく、やはり、家裁が、収入、双方の事情等について最低限の審理を行った上で給付の命令を発するのが適切かと思います。また、その執行についても、より簡易で実効性のある手続を作るべきです。

以上のような改正については、本来の家裁裁判官（だけ）による対応が難しいのであれば、現在の家事調停官（家事二五〇条、二五一条）制度を拡充し、あるいはこれに類した制度を新設して、一定の経験のある弁護士が、任期を限り、また、家裁調査官の補助をも得ながら、こうした事務をとることを考えてよいのではないかと思います（調査官が参審してもいいでしょう）。本来の家裁裁判官のうち経験の長い者がその監督、相談に当たる仕組みにしてもいいと思います。

最後に、財産分与請求の可能な期間は、現在は、すでに述べたとおり離婚後二年と短いのですが、これを延ばす案が出ています。私は、五年という案が適切かと思います。

夫や妻の不貞の相手方に対する慰謝料請求の是非

夫や妻に不貞があった場合にその相手方に対しても不法行為に基づく慰謝料請求ができるか（第三者に対する不貞慰謝料請求）については見解が分かれていますが、最高裁判例はこれを認めています（一九九六年〔平成八年〕三月二六日判決は、その根拠を「婚姻共同生活の平和の維持」に求めています）。

しかし、これは、欧米では認められておらず、近代法、特にその中でも時代の変化に応じて従来の考え方が大きく見直されてきている家族法の精神からすると、疑問が大きいといえます。

簡潔にいえば、第三者に対する不貞慰謝料請求肯定論の根底には、「配偶者をモノのように支配しているという考え方」があるが、これは現代家族法の精神にそぐわないということです。

より詳しく敷衍《ふえん》すれば、次のようになります。

「性というのは非常にデリケートで個人的な領域の事柄であり、したがって、貞操は法的にみればあくまで配偶者どうしの間での約束であって、配偶者が第三者と性交渉をもった場合に、配偶者はともかく、その感情の移った相手の第三者まで責め、プライバシーを暴くことは、配偶者を自分の持ち物のように意識していること、その意味で配偶者の人格を尊重していないことの現れということになるのではないか」（水野紀子教授と裁判官時代の私との対談「離婚訴訟、離婚に関する法的規整の現状と問題点――離婚訴訟の家裁移管を控えて」判例タイムズ一〇八七号四頁以下において私が要約した水野教授の見解で、私の意見も同様です。なお、この対談では、本章のカバーする事柄の多くについて、突っ込んだ議論が行われており、水野教授のウェブサイトで全文を読むことができます。また、私の論文集『民事裁判実務と理論の架橋』〔判例タイムズ社〕には、私の発言部分について若干加筆修正したものが収録されています）。

また、前記の最高裁判例は「婚姻共同生活の平和の維持」をその理由として挙げていますが、第三者を訴えること、法廷に紛争を持ち出すことで夫婦の溝が大きくなり、婚姻共同生活の平和がかえってそこなわれることもありえます。一方、婚姻破綻後、あるいは離婚後の請求についていえば、損害賠償を求めるというより、むしろ、相手を法廷にさらして復讐したいという気持ちが強く出ているような場合もあり、これは、「法廷は復讐の場所ではない」という近代法の原則に反していないかとの疑義もあります。

さらに、不貞の立証は、探偵社による無断撮影、パソコンや携帯電話の内容の無断コピーといった、欧米標準では違法収集証拠と評価される可能性のある証拠によらないと確実なものになりにくい点にも、問題があります。不貞慰謝料請求を許すことによって、司法がそうした証拠の収集を容認していることになる結果を招くからです。

現に、私は、第三者に対する不貞慰謝料請求事件で、不貞をした夫である外国人男性（証人として出廷）から、「日本の裁判所はこのような証拠を許容するのですか？」と抗議され、釈明はしましたが、「確かに外国人からみれば疑問だろうな」と、後味があまりよくなかった記憶があります。違法収集証拠の疑いのある証拠の許容性について、日本の実務は、刑事、民事を問わず、全般に甘すぎるように思います。

ちょっとどうかという訴えも……

実際、この類型の事件には、いろいろと変わったものがありました。いくつか挙げてみましょう。

①夫が関係した相手が未成年の少女であり夫には青少年保護育成条例違反の問題がある（つまり少女は犯罪の被害者である）のに、加害者の妻からその少女に対する不法行為損害賠償請求を許してよいのかが問題となったケース。

②アメリカ人男性がアメリカ人男性を訴えているのですが、二か月間しか結婚していなかった妻はすでにヨーロッパに移って別の恋愛関係を楽しんでいるというケース。

このケースでは、私は、「証拠からみるとあなた方は全員自由恋愛論者のように思えます。それなのに、どうしてこの訴えを起こしたのですか？」と原告に尋ねてみたのですが、答えは、「日本では請求が認められると聞きました。で、それじゃあせっかくだからやってやろうじゃないか、と思いましてね」ということでした。

③極め付けとして、みずから家を出て何年も他の女性と同棲したり、関係のあった女性たちとの性交渉のビデオを編集し音楽まで付けて見ていたりして、娘からも性格に問題があるといわれていた夫が、妻の浮気に激怒して異例の高額請求を行ったケース。

これについては、妻の浮気の時点ですでに婚姻関係は破綻していたとして請求を棄却しましたが、控訴もありませんでした（『ケース』30事件）。

さて、第三者不貞慰謝料請求事件の慰謝料額は、三〇万円から三〇〇万円くらいの間ですが、一般的には、一〇〇万円ないし二〇〇万円といったところでしょう。私自身は、この類型の事件で判決を書いたのは前記③事件だけで、あとはすべて和解で終えていました。当事者本人や証人の尋問についても、書証として出ている陳述書の範囲をまずは出ないので、「やってもいいけれど、あなたに対する相手方の反対尋問を始めとして、かなり傷付く場面もありえますよ」などと説明をすると、あえてやりたいという原告はあまりいませんでした。

私は、和解には節度を保ち、人証《じんしょう》（証人や当事者本人の尋問）は当事者が求めれば必ず聴くという方針の裁判官でしたから、右の事態は例外に当たります。しかし、弁護士たちも私のこうした方針に異を唱えず人証調べ前の和解に協力的であったのは、やはり、この問題に関しては請求を認めない消極説にも理があると、心のどこかで考えていたからではないかと思います。なお、原告は、夫、妻ほぼ半分ずつくらいでした。

もっとも、消極説をとっても、第三者が原告に執拗《しつよう》ないやがらせを行うなどの違法行為があった場合には、そのような行為自体が不法行為になるのはもちろんです。私が手がけた事件の中にもそういうケースはあり、和解金額を大きくしました。

とはいえ、判例・実務は認めていますから、この請求を行いたいと考える方はいると思います。そういう方におすすめしたいのは、誠実な弁護士に委任して、可能なら、訴訟にせずにそれ以前の話合いで解決する道を選ぶことです。特に、現在の婚姻関係を継続したいのであれば、そうした方法で解決するほうが、法廷に持ち出すよりも、長い目でみればベターな結果が得られるのではないかと思います。

なお、こうした訴訟や離婚訴訟をかなりの数手がけてよくわかったのは、長期間の不貞はまず隠せないということでした。

それがばれた経緯については、何となく様子が変わった、いつもそわそわしている、電話がかかってくると別室に行く、外出が多い、帰宅が遅いなどといったことをきっかけに、机、パソコン、スマホ等をチェックされ、その結果、不貞を裏付けるメール、手紙、プレゼント等が発見された、というものが大半でした。私の担当したケースを総合すると、夫婦の部屋が個別にあってお互いのプライバシーが尊重されている（パソコンやスマホのパスワードは教えない）、「相手」との連絡は限られた時間帯に自室で行い、かつ頻々《ひんぴん》と会わない、自宅には手紙等を一切置かない、といった条件が満たされない限り、継続する不貞、浮気は、遅かれ早かればれるとみていいと思います。浮気がきっかけで深刻な争いになっても夫婦の努力でそれを乗り越えられる自信がないのであれば、あるいは慰謝料を含む離婚給付を行って別れる覚悟がないのであれば、浮気はしないに越したことはないでしょうね。

最後に、近時、第三者に対する「離婚に伴う慰謝料の請求」については、第三者が不貞行為をしただけではなく、夫婦を離婚させる意図の下にその婚姻関係に対する不当な干渉をするなどして離婚のやむなきに至らしめた特別な事情が必要であるとの最高裁判決（二〇一九年〔平成三一年〕二月一九日）が出ています。しかし、この判例は第三者に対する「不貞慰謝料請求」自体を否定したものではありません。これは、「不貞慰謝料請求」自体については原告が不貞を知った時点からの消滅時効がすでに完成していたため、「不貞により結局離婚を余儀なくされた」として、先のような請求を行ったという事案なのです（右の点を混同している記述がインターネットにみられるため、付け加えておきます）。

男女関係にまつわるそのほかのトラブル・危険事項

最後に、関連して、男女関係にまつわるそのほかのトラブル・危険事項についても、いくつかふれておきましょう。

ストーカー被害については、現在ではいわゆるストーカー規制法により警察の管轄となっていますが、かつては、警察は「民事不介入の原則」によりこれに対処することに消極的であり、仮処分で「つきまとい等の禁止」を命じることが行われていました。

そのころの事件で最も印象に残っているものの一つが、若い大学病院男性医師が女性のつきまとい等禁止仮処分を求めてきたものでした。「いわゆるナンパで女性と関係をもった後にその女性に執拗につきまとわれ、家庭や職場にも押しかけられて、とうとう左遷されることになった。しかし、異動先にまでつきまとわれると退職せざるをえないので、仮処分を出してほしい」ということでした。女性のストーカーはまれですし、医師にも軽はずみな関係をもった弱みはあるのですが、女性の言い分を聴くべく呼び出しても期日には出てこないし、激しいストーカー行為は一向にやまないようなので、仮処分を発令しました。

そういうことをやりつけていない男性がふとした気の迷いでナンパなどすると危険、という典型例でした。さらに恐ろしい因果応報の例としては、ヨーロッパで最も高く評価されているジャパニーズホラーフィルム『オーディション』(三池崇史《たかし》監督、二〇〇〇年)があります。これは、中年をも含めた男性必見の作品といえるかもしれません(映画としても、低予算、早撮りの限界を逆手にとったかのような、切れ味のよい脚本、演出、撮影、編集がなかなか見事です。もっとも、海外では卒倒者も出ていますから、気の弱い方にはおすすめできません)。

インターネットは便利なものですが、その普及によって、男女関係のトラブルは、以前にもまして複雑かつ危険なものになりました。かつては普通の市民には縁遠いものだった「闇」の世界が、液晶の一枚下、あなたの指先にまで届くようになったのです。ネットの場合、その向こうにいる「見知らぬあなた」は、ひょっとしたら「切り裂きジャック」かもしれません。

アメリカでは、家を出てストリートで暮らすようになった少女が多数殺されていますし、そうでなくてもレイプ等犯罪の犠牲になることがままあります。インターネットは、そうした被害者の範囲を、普通の家で暮らす普通の少女にまで広げたわけです。

日本ではまだ大きな事件は少ないのであまり問題になってはいませんが、ネットが媒介する関係の危険性が大きいことには、変わりがありません。ことに、「密室」に連れ込まれてしまったら何をされるかわからない危険性については、年頃の女の子をもつ親は、十分に注意しておくべきでしょう。

なお、ネットを媒介とする風俗営業は、男性にとってもきわめて危険です。盛り場の風俗営業店で大きな被害にあうことはあまりなく、あっても、せいぜい有り金残らず巻き上げられて放り出される程度のことですが、ネットの場合には、どういう人間たちが相手かわからない危険性は、先の少女たちが遭遇する危険性と大差ありません。

しかし、日本の場合、やはり、海外に比べれば、そうした危険はなお限られています。

私は、まだニューヨークがアメリカで最も危険な都市の一つであったころにニューヨーク総領事館に勤務した外交官と話したことがあります。彼の言うところでは、「買春のために危険地域に入って行って殺される日本人男性（主として海外出張者や旅行者）の数は、年によっては数十人に及ぶ」ということでした。一切ニュースにならないのは、被害者家族も、雇用会社等の関係者も、その報道を望まないからだというのです。

そのころのニューヨークには、警官も立ち入れない「アンタッチャブル」の領域、建物がいくつもあり、地元民はもちろんそのことをよく知っていました。また、実をいえば、外国人でも、たとえば、映画『タクシードライバー』（マーティン・スコセッシ監督、一九七六年）一本を見るだけで、そうしたことは、肌でわかったはずなのです（この作品は、当時のニューヨークの街がはらんでいたまがまがしい「闇」を実に的確にとらえており、ことに、隠し撮りを含むと思われる夜間の街頭ロケ撮影は、圧巻です）。

しかし、日本人は、国内で出張に行って羽目を外すのと同じ感覚でそうした場所に入って行き、無惨な死体となって出てくるというのです。「『海外視察』にやって来る政治家も、そういう場所に行きたがるから、こっちで安全な店を教えておいてやらなきゃいけないんだ。入口まで連れて行ってやることもある。ほとんど、ダーティーな旅行社みたいなもんさ」とも言っていました。こういうところにも、「旅の恥はかき捨て」感覚に加えて、日本人の危機管理意識・認識の欠如が出ているといえそうです。

なお、ニューヨークは、その後、厳しい取り締まりによって以前よりはかなり安全になりました。しかし、それは、「ニューヨークは」というだけのことであって、アメリカの大都市が全般に安全になったわけではないし、それは、アジア、南米等でも同じことです。

単身で海外出張・旅行に出かける男性諸氏は、この点重々ご留意くださいますよう。

第6章　相続をめぐる「骨肉の争い」とその予防策

激増している相続紛争

相続については、近年、裁判所を経由しないものをも含めると、紛争が非常に増えているようです。

これは、一つには、人々の権利意識の高まりの結果といえます。しかし、それに加えて、「特定の子ないしその家族が親の面倒を最後まで親身にみ、それに相当の労力やお金も使ったような場合には、相続財産が限られていればその子に相続させる」という暗黙の了解が崩れてきた、ありていにいえば、ほかの子らの一部が「もらえるものは全部きっちりもらう」と主張した場合には、当事者による解決はできなくなってきた、という事情もあると思います。そして、相続にまつわる事情はそれこそ千差万別ですから、最後は、法律以外にそれを規整する手段はありません。

右の点について一つ例を挙げてみますと、「親の面倒を親身にみる」の「親身」という点が問題です。第5章で、かつては子の奪い合い紛争の多くが人身保護請求事件というかたちで争われていたと書きましたが、そのころの人身保護請求事件には、子ではなく「老親の奪い合い事件」もありました。親身に親の面倒をみたい子どもたちが自分こそはと争っているのなら中国の古典にある美しい話のようですが、実際には、そうした老親たちは皆莫大な財産をもっており、「よき子らが貧しい親の奪い合いをする」という事例は、「寡聞《カブン》ニシテ其《ソ》ノ例ヲ識《シ》ラズ」というのが事実でした。親の近くにいる子が親の財産の着服、隠《いん》匿《とく》をしたり、自分に有利な遺言をさせたりするのではないかという疑念から出た争いが多かったということです。

しかし、日本では、普通の人々が遺言を利用するようになってきたのは、ごく最近のことです。また、相続法という法領域も、「暗黒大陸」などといわれることさえあったくらい不備が多く、かつ、親族法以上に解釈の定まっていない部分がありました。二〇一八年の相続法大改正で明らかな法の不備についてはとりあえず解消されましたが、相続関係の紛争は、相続財産が多様で関係者が多いと非常に複雑なものになることには、変わりがありません。家裁の裁判官たちが確立してきた遺産分割等の実務と学者による相続法解釈の間にも、なお若干の不整合があるともいわれます。これは、遺産分割等のルールが必ずしも判例化されて検証されないこととも関連しています。

以上のように、相続については、紛争の潜在的な可能性が非常に高い分野であるにもかかわらず、これに関する知識、感覚をもっていない人々が多く、また、親族法同様、法的に熟していない論点もあり、さらに、いったん紛争が起こると延々と長引きやすいため、予防法学の必要性はきわめて高いといえます。

相続人と相続分、配偶者居住権、相続放棄

最初に、相続に関する一番の基本的事項を解説しておきましょう。

まず、相続人と相続分（相続財産に対する各相続人の取り分の割合）についてです（関係条文は民法八八六条ないし八九〇条、九〇〇条、九〇一条。以下、この章では、民法は条数のみを掲げます）。

配偶者は常に相続人になります。配偶者以外（血族）については、①子またはその代襲《だいしゅう》相続人（子が相続開始前に死亡等していた場合にはその子が相続人となる）、②親等の直系尊属（親等の近いものが相続。つまり、親がいれば親が、親がいなければ祖父母が相続）、③兄弟姉妹またはその代襲相続人が、この順位で、配偶者と並んで相続人となります。子については、嫡出《ちゃくしゅつ》（法律上の婚姻関係にある男女の子として生まれた）か非嫡出かによる差はありません。また、兄弟姉妹については、父母の一方のみを同じくする場合（半血の兄弟姉妹）には半分です（たとえば、先妻の子Aが死んでその兄弟姉妹のみが相続する場合、後妻の子ら〔Aと父のみを同じくする〕の相続分は、先妻の子ら〔Aと父母を同じくする〕の相続分の半分になります）。

配偶者の法定相続分は、①の場合（被相続人〔相続される者〕との間に子、孫等がいる場合）二分の一、②の場合（子等がおらず父母等がいる場合）三分の二、③の場合（子・父母等がともにおらず

被相続人の兄弟やその子等のみがいる場合）四分の三です。

遺言がなければ遺産は原則として共有となり、遺産分割が行われます。その場合、以上の割合により分割がなされるのが基本です。とはいうものの、相続財産に預貯金等以外のものが含まれる場合（多くの場合）には、その評価の問題が生じます。また、遺産分割協議書は、不動産等の名義変更、相続税申告（その多く）に必要であり、多数の銀行預金等を解約する場合にもあったほうがスムーズです。さらに、遺産分割当事者間の証拠としても必要です。結局、相続人複数の場合、遺産分割協議書（書面）を作るほうがいいといえます。

ここで注意すべきなのは、配偶者の相続分が、最も一般的な①の場合には、半分しかないことです。したがって、遺産の大半が夫の住んでいた土地建物であった場合、妻は住み続けられるかという問題があります。この点については、前記の改正で、「配偶者居住権」の制度が認められました。これは、被相続人の配偶者が相続開始時に被相続人所有建物に居住していた場合に、遺産分割、遺贈、死因贈与によって、配偶者に終身の無償居住権を取得させることを認めるものです（一〇二八条以下）。なお、遺贈は遺言によってされる贈与であり、死因贈与は贈与者の死亡によって効力を生じる贈与です。後者は契約なので、配偶者間で行っておくことになります。その効力はおおむね遺贈と同じです（五五四条）。夫としては、遺言（あるいは死因贈与契約）でこれを設定しておけば、妻の終身居住権を確保できるわけです。また、これが認められない場合についても、同様の配偶者には当座の期間（具体的には一〇三七条で規定）の無償の居住権（配偶者短期居住権）が認められます。

いずれにせよ、「とりあえずは配偶者に居住土地建物や金融資産の大半を相続させたい、あるいは確実に配偶者居住権を与えたいという場合には遺言か死因贈与をしておく必要がある」、つまり、「遺言等がなく、子らが法定相続分を主張した場合には、配偶者にとって有利な特則は遺産分割・同審判による配偶者居住権の取得（一〇二八条一項一号、一〇二九条）、あるいは、当座の期間に限られた配偶者短期居住権（一〇三七条以下）しかない」ことには注意が必要です。ただし、財産が大きかったり子らが自分たちも相続財産の一部をもらいたいと主張している場合には、後記（一七二頁）のとおり、子らの「遺留分」を侵害しない遺言にしておく必要はあります。

次に、債務のほうが大きくて相続財産がマイナスになってしまう場合には、「相続の放棄」の手続がされることが多いです。これは相続そのものをまるごと拒否するものです。したがって債務も引き継ぎません。また、マイナスになるおそれがあるがそれが不明確な場合には、相続財産の限度で債務を清算し、残余があれば取得する、つまり、債務をすべて弁済した上でなお余った財産があれば取得するという「限定承認」の手続をとることも選択肢になります。

相続の放棄については、相続開始を知った時から三か月以内に家裁に申述《しんじゅつ》することによってなす必要があります（九三八条、九一五条一項。申述の具体的な方法については、裁判所のウェブサイトなどに記載されています）。

ところで、遺産分割でみずからの取り分を主張しなかったことが「相続の放棄」であり、したがってそれによって債務も当然に引き継がなくなると考えている人が結構多いのですが、これは「大変な誤解」です。

ここはわかりにくいところなので詳しく説明しておきますと、金銭債務等の可分債務は当然に法定相続分に応じて分割されて承継されますが、相続人間ではその負担割合を決めることができます。たとえば、遺産分割で財産を取得しなかった妹の分の債務（法定相続分に応じた債務）は兄が引き受けるなどです（免責的債務引受）。しかし、これは第三者である債権者に対しては主張できないことなので、債権者は、右の取決めを承諾してそれに応じた取立てをする（四七二条三項）か、法定相続分に応じた取立てをするかを選択できます。

通常、債権者は取立ての容易な前者の方法を選ぶことが多いとはいえますが、必ずそうするとは限らないわけです（たとえば、多額の相続をした相続人がすぐに散財してしまったり、引っ越して行き先がわからなくなったりした場合を考えてみてください）。

なお、債権者が法定相続分に応じた取立ての方法をとった場合、債権者に支払った金額については、法的には、本来支払うべきであった者に対して求償請求ができますが、前記のような事情から実際にはそれが難しい場合も多いでしょう。したがって、債権者（なお、その存在の全貌《ぜんぼう》が相続後に判明することもままあります）から請求を受けるリスクを完全に排除するためには、相続放棄の手続をとる必要があるのです。

前記の「限定承認」（九二二条以下）については、それのできる期間については放棄と同様です（九一五条一項）が、手続が面倒であり、また、不適切な弁済等により損害賠償義務を負う（九三四条）など一定のリスクもあるので、わずかしか利用されていません。積極財産（プラスの財産）が大きいが債務も大きい、でもかなりの残余が出る可能性もある、などといった場合に、弁護士に委任して行うことが考えられるでしょう。

また、相続財産の一部についてでも何らかの処分（たとえば不動産の売買等）や隠匿等を行うと相続について単純承認（原則どおりの相続の承認）をしたものとみなされるという法定単純承認の定め（九二一条）にも注意が必要です。

遺言の方法

通常の遺言の方法には、①自筆証書遺言、②公正証書遺言、③秘密証書遺言があります（九六七条）。

①は遺言者が全文、日付、氏名を自書し、押印するものです。ただし、相続財産の目録を別紙として添付する場合には、これについては自書でなくてもよい（ワープロ打ちなどでもよい）のですが、その各頁に署名押印が必要です（九六八条）。②は公証人に作成してもらうものです。③は①、②の中間的なものですが、ほとんど使われていません。

①については、簡単に作成でき、費用がかからない、何度でも新しいものを作成できる（これにより前の遺言は撤回したことになりますが、前のものは破棄しておくほうがいいでしょう〔一〇二二条ないし一〇二六条〕）という長所と、偽造、変造（書き加えなど）されやすい、一義的かつ明確に書いておかないと解釈に争いが生じ、場合によっては無効と判断される、家裁で検認の手続が必要であり、開封も家裁で行う必要がある（一〇〇四条、一〇〇五条）といった短所とがあります。なお、検認については、申立人以外の相続人の出頭は任意です。

②については、①の欠点はほぼありませんが、一定の費用と手間がかかります。

さて、実際の選択ですが、財産の種類が限られていてその分け方も単純であり、かつ、相続人に争いが生じる可能性も低い場合には、①で十分ではないかと思います。ただし、方式を厳密に守ること、一義的かつ明確な文章で記載することには、十分に留意する必要があります。マニュアル類をよく読み、また参照しながら書くのが適切です。夫婦のそれぞれがこれを書き、お互いに持ち合い、そうしていることについて子らに告げておけばよいかと思います。私自身も、一定の年齢になったらこの方法で遺言を作成しておくつもりでいます。なお、遺言書は夫婦別々に作成する必要があります。共同で作成すると無効になります（共同遺言の禁止。九七五条）。

財産の種類が多い、相続人以外の者に遺言で財産を与えたい（前記の遺贈。なお、遺贈は、相続人に対しても可能です）、複雑な分け方をしたい、財産が多額であることなどにより相続人に争いが起きる可能性がある、などの場合には、遺言の実質的な内容を事前によくよく練った上で、②によるのがいいでしょう。

なお、自筆証書遺言については、いわゆる遺言書保管法に従い、無封の状態で法務局で保管してもらうこともでき、この場合には検認が不要になります。紛失や変造の危険を避けるための制度です（保管申請の手数料は、二〇二三年現在、遺言書一通につき三九〇〇円です）。

公正証書遺言の問題

しかし、実は、②の公正証書遺言にも一つ問題があります。それは、高齢者がこれを行った場合（遺言がなされる場合の多く）に、遺言者が「意思能力」を欠いていたとして裁判で無効と判断される例が、そこそこあることです。

意思能力というのは、有効に法律関係に関する意思表示をすることができる能力のことです。子どもでは七歳から一〇歳くらいがボーダーラインとされますが、法律行為の種類によって微調整の余地があります。公正証書遺言の内容口授（九六九条二号）はそこそこ複雑な事柄なので（たとえばテレビや皿洗い機を買うよりは複雑な事柄でしょう）、その具体的な内容にもよりますが、私見としては、九、一〇歳程度で線を引くのが妥当ではないかと思います（なお、子どもが遺言をすることは実際にはまずありませんが、子どもがそれをなしうる年齢自体は一五歳と定められている〔九六一条〕ことも考えるべきかと思います）。

さて、認知機能・能力の正確な判定については、MMSE、HDS-R等の認知機能検査による必要があり、医療機関等で利用されています（インターネットでもそれらの概要はわかります）。公証人の場合には、遺言者との会話によって、遺言能力があるのか、本当にこの内容の遺言をしたいのかなどの事柄を問いただすことになります。

ところが、公証人によっては、遺言者に意思能力があるか否かが怪しいのに公正証書を作成してしまう例があるのです。公証人は、法務省の管轄、主として検察官の天下り先（手数料が高すぎないかとの批判があります）であり、裁判官もなれますが、よその官庁にお願いするわけなので、原則地家裁所長経験者に限定されています。私のかつての同僚も、多数やっています。私の経験では、元民事系・家裁系裁判官作成の証書で先の点が争われたことはさすがにないのですが、それ以外の人々作成のものについてはあります。中には、少しでも前記のような確認をすれば意思能力に疑問をもったはずではないかと思われたようなケースもありました。法律家としての客観性や公正さを欠くように思いますが、「まあいいだろう」というので作ってしまったのでしょうね。

専門家医師に尋ねてみたところでは、認知症と診断されれば子どもの発達年齢換算七歳以下、それ以前の軽度の認知障害の段階（記憶障害、時間や場所の見当識《けんとうしき》障害、性格の変化、話の理解困難等の症状が現れる。医師は「小ボケ状態」と言っていました）でもすでに八歳くらいではないかということですから、軽度の認知障害の症状が出始めたら、そろそろ、遺言作成の能力には疑問が生じるはずなのです（なお、以上の年齢換算は、あくまでおおまかなものです）。

しかし、実際には、そうなって、あるいはなりかけてから、周囲が、「さあ大変だ。作ってもらっておかなくちゃ」とあわてることが多く、中には、「ちょうどいいから、自分に有利なものを作らせてしまおう」と考えるような人も出てくるわけです。

遺言無効確認の訴えを扱う裁判官の心理としては、遺言者の意思に沿うものと思われるならなるべく効力を認めてやろう、そうでない疑いのある場合には厳格に、ということはあると思います。ただ、こうした訴えが起こされるのは、相続人等遺言の利害関係人の間に対立と不信がある場合なので、基本的には、証拠によって認められる遺言者の状態から客観的に判断せざるをえないでしょう。

ですから、事実上約束されてきた内容の遺言を公正証書にしてもらいたいと考える人は、遠慮しないで早めに作ってもらうべきです。逆に、遺言者が遺言時に意思能力を欠いていたのではないかと考える人は、認知症の場合、診察していた医師が、みずからの所見や認知機能検査の結果をカルテに記載していることが多いですから、早期に弁護士に委任して訴えを提起し、右のような証拠を確保することが必要になります。看護記録、介護保険の認定調査票の記載等も、証拠になりうるでしょう。

公証人には、意思能力の確認を、客観的かつ公正に行ってほしいものだと思います。

ところで、遺言者の生前には、遺言無効確認の訴えは許されません。遺言者はいつでも新しい遺言を作成できるのですから、右のような訴えをあえて認める利益（確認の利益）がないからです。これは合理的な規律です。

しかし、遺言者が心神喪失状態にあって回復する見込みがなく、遺言の取消しや変更の可能性が事実上ない場合であればどうでしょうか？

最高裁は、このような場合であっても確認の利益を否定しました（一九九九年〔平成一一年〕六月一一日判決）。しかし、その理由を明確にしておらず、きわめて疑問が大きい判決です。こうした場合、遺言者が遺言をした時点で意思能力を失っていた可能性は通常よりも高く、また、遺言によって利益を受ける者が証拠を隠滅するなどの可能性についても同様ですから、むしろ早期の訴え提起を認めるべきだともいえるはずです（この事案では、遺言がなされた時点で、遺言者には認知症の症状が現れていました）。

民事訴訟法分野の最高裁判例には、この事件に限らず、結論に問題のあるものやその理由付けが不合理、不十分なものが時々あります（ほかの分野よりもそれが目立つようです）。これは、最高裁判所調査官（最高裁判事らの補助官）の調査が不十分であった場合に、最高裁判事らにそれを適切にチェックする能力が十分にないことを示しています。まあ、どこの国の判例にもそうした問題があるのは事実ですが、日本の最高裁判例の場合、この事案のように、結論の当否はとりあえずおくとしても、理由付け自体に論理がきちんと通っていないと感じられる例がままみられるのは、いささか問題だといえるでしょう。

なお、最高裁は、この判例を含め、近年、確認の利益を認めた高裁の判断をいくつもくつがえしていますが、いずれも、高裁の判断のほうが理論的にも実際的にもベターだったと思われ、これらの判例に関する学者の意見も、批判的なものが多いです（拙著『民事訴訟法』の項目一八〇）。

遺産分割とその具体的事例

前記のとおり、遺言がなければ（正確にいえば、遺言があってもそれが個々の財産の帰属まで明確にしておらず、たとえば法定相続分とは異なる相続分〔指定相続分。九〇二条〕だけを規定しているような場合にも）、共同相続人間の遺産分割が必要になります。

遺産分割の方法には、① 協議、② 家事調停、③ 家事審判があります（九〇七条）。遺産分割は訴訟事件ではないので、第5章でもふれた調停前置主義（家事二五七条）の適用はないはずなのですが、裁判所は、遺産分割については、事実上②を③に先行させる取扱いとしているようです。

普通は①で簡単にすむことが多いでしょう。たとえば、私の父の遺産分割については、母がほぼ全部を取得するというものでしたが、私が五分ほどで数行の協議書を作成し、相続人らが署名押印して終わりました。②でも、争いのある事項が限られるなら、さほど時間はかからないでしょう。

しかし、たとえば、財産の種類が多い、一部の相続人が多額の生前贈与を受けていたり逆に相続人の事業に協力していたりした、などにより争いのある事項が多く、対立も激しい場合には、②から弁護士に委任するほうがいいでしょう。これは、次項で論じる遺留分紛争についても同様です。

以下においては、こうした複雑な遺産分割について読者が調停・審判に臨む場合を念頭に置いて、手続の流れを正確に理解するために必要な事項、また、あわせて、後記④〔一六四頁〕の「寄与分」と趣旨を同じくする制度（後記⑨〔一七一頁〕の特別寄与料）について解説します。

少なくとも、教科書、類書等の記述よりはわかりやすくするよう種々工夫しましたが、それでもここはかなり難しいと思います。法律に従い実務家や学者が作り上げてきた一種のルールのようなものと考えてください。とりあえずは大体の感じをつかんでいただければ十分でしょう。現実に遺産分割（ことにその調停・審判）に臨む場合には、再度熟読していただければ、何が行われているか、行うべきかがよくわかるはずです。

なお、以下では「全部分割」の場合について説明しますが、争いのない部分等についての「一部分割」も可能です（ただし、審判による場合には、他の共同相続人の利益を害するおそれのない内容の申立てである必要があります。以上につき九〇七条）。

① 相続人の範囲の確定

遺産分割に当たっては、まず、相続人の範囲が確定していなければなりません。これについて争いがある場合には、各種の人事訴訟（たとえば親子関係不存在確認の訴え）、特定の相続人の地位不存在確認の訴え（遺言書偽造、変造等八九一条の相続欠格《けっかく》事由があることを理由とする）等によって、これを確定する必要があります。

なお、胎児は相続についてはすでに生まれたものとみなすが死体で生まれたときには例外とするとの規定（八八六条）がありますので、遺産分割後に胎児が生まれると分割のやり直しが必要になります。したがって、胎児が生まれるまで分割を待つのが相当です。

② 遺産の範囲の確定

次に、遺産の範囲を確定します。ここでも、ある財産が遺産に属しているか否かに争いがあれば、「遺産確認の訴え」によってこれを確定する必要があります。たとえば、子の一人が、「父名義のマンションの一つは、私が金を出して買った私の財産だ。事情があって父名義にしていただけだ」などと主張すると、こうした争いになります。

なお、相続人や遺産の範囲のほか、遺言の有効性が争われている場合にも、遺言無効確認の訴えでその点を確定する必要がありますが、これについては、前項で論じました。

さて、一般にいわれる「遺産」の中にも、当然には「遺産分割」の対象にならないものがあります。具体的には、預貯金債権（日常用語では「預貯金」）以外の可分債権（貸金債権、売掛金債権等々）は、原則としては相続開始と同時に当然に法定相続分に応じて分割され（最高裁一九五四年〔昭和二九年〕四月八日判決）、したがって「遺産分割」の対象とはなりませんが、相続人全員が合意した場合には遺産分割の対象となると解されています。これに対し、預貯金債権は、相続開始と同時に当然に法定相続分に応じて分割されるものではなく、遺産分割の対象になります（最高裁二〇一六年〔平成二八年〕一二月一九日決定）。

なお、「預貯金債権」については、前記の改正で各共同相続人に一定割合の行使が認められました（九〇九条の二）。分割協議までは全く預金がおろせないというのでは困るため、当面必要になる費用等に充てるための引きおろしを認めたものです。債務弁済等のための大口の引きおろしについては、仮分割の仮処分（家事二〇〇条三項）によることになります。

また、一五三頁に記したとおり、「金銭債務」は当然に法定相続分に応じて分割されて承継されるので、遺産分割の対象とはなりません。

③ 遺産の価額の確定

その上で、不動産等金銭評価の必要な各種遺産について一定のルールにより評価を行って、その価額を確定します。

④「みなし相続財産額」の算出――「生前贈与の持戻し」と「寄与分の控除」

ついで、各相続人の取得額・財産を決定する前提として、相続人にかかる「特別受益となる生前贈与」（九〇三条）と「寄与分」（九〇四条の二）とを考慮し、以下のようにして、「みなし相続財産額」を算出します。

まず、相続人が、被相続人の生前に、たとえば住居購入援助資金や開業援助資金等のまとまった「生前贈与」を被相続人から得ていた場合には、これを「相続開始時の相続財産額」に加算します。これを「持戻し」といいます（この加算とあわせて「後記⑤（一六六頁）における減算」が行われます）。

もっとも、この持戻し（加算）と減算については、贈与者が「持戻し免除」の意思表示をしておくこともできます（これは、より正確にいえば、持戻しの免除だけではなく、贈与や遺贈について九〇三条一項の適用〔すなわち右の加算と減算〕を排除する旨の意思表示です）。その結果として、生前贈与は加算と減算をせず、遺贈、死因贈与は減算をしないこととなり、贈与等を受けた相続人の「遺産分割における最終的な取り分」が増加します。これを行う場合には、遺言や贈与契約書に明示するなど明確な証拠を残しておくべきです。

婚姻期間が二〇年以上にわたる夫婦間の居住用不動産の贈与、遺贈については、配偶者保護の観点から、この「持戻し免除」の意思表示が推定されます（九〇三条四項。配偶者に有利な規定ということになります）。

なお、死亡保険金は原則としては受取人の固有財産であり遺産分割の対象外ですが、保険金額が非常に大きいなど特別な事情がある場合には、特別受益に準じ持戻しの対象となりうると解されています（最高裁二〇〇四年〔平成一六年〕一〇月二九日決定）。

また、相続人が被相続人の財産の維持、管理について扶養義務の範囲を超える特別な寄与（家業への従事、相続人の費用支出を要する療養看護等）をしていた場合には、この「寄与分」を相続開始時の相続財産額から控除します。

⑤「具体的相続分額、具体的相続分率」の算出と最終的に各相続人に分割される相続財産額（あるいはその共有割合）の算出

以上のようにして、「みなし相続財産額」を算出したら、その上で、各相続人の「具体的相続分額」と「具体的相続分率」を計算してゆき、最後に、「現実に遺産分割の対象となる財産額」に「具体的相続分率」をかけて各相続人に分割される相続財産額（不動産等であれば後記⑦〔一七〇頁〕のようにその共有割合）を算出します。

「具体的相続分額・相続分率」という名称が紛らわしいのですが、これは、あくまで、遺産分割の基準となるところの「途中経過上の計算額・率」であり、最終的に各相続人に分割される相続財産額（あるいはその共有割合）を適切に決定するための基準と

なる数値にすぎません。

「具体的相続分額」の算出に当たっては、「特別受益者」、すなわち「贈与」や「遺贈」を受けた者については、贈与や遺贈の金額を引きます（九〇三条一項）。ただし、マイナスにはしません（同条二項）。もっとも、前記④（一六五頁）のとおり、「持戻し免除」の意思表示があれば、この減算は行われません。また、「寄与者」については、寄与分を加えます（説明を加えると、④における「生前贈与の持戻し」と「寄与分の控除」は、「みなし相続財産額」算出のためのもの、つまり、「計算上の基本となる相続財産額全体の適切な調整のためのもの」であり、⑤における「贈与や遺贈の控除」と「寄与分の加算」は、「具体的相続分額」算出のためのもの、つまり、「計算上の個々の相続人の相続額の適切な調整のためのもの」です）。

⑥　具体的な遺産分割事例

以上（具体的には④、⑤）については実際の例を見ないとわかりにくいので、一つ挙げてみましょう（正確に理解したい読者は、これを読んだ上で、再度④、⑤から熟読し直してください）。

「Aが亡くなり、妻Bと子らC（長男）、D（長女）、E（次男）が相続しました。相続開始時の相続財産額は二〇〇〇万円でした。父Aの事業に協力した長男Cの寄与分は四〇〇万円です。一方、父Aは、その生前に、かわいがっていた長女Dに八〇〇万円の贈与をしており、また、困窮していた次男Eには二〇〇万円を遺贈しました（遺言の内容は、「Eへの遺贈」だけでした）。

さて、相続財産は、どのように分割されるのでしょうか？」

まず、相続開始時の相続財産額二〇〇〇万円（遺贈の対象となる二〇〇万円をも含む金額）に長女Dへの生前贈与八〇〇万円を加え（持戻し）、また、長男Cの寄与分四〇〇万円を引きます。こうして算出された二四〇〇万円が「みなし相続財産額」です。（なお、贈与の金額は、実際の実務では相続開始時の貨幣価値で評価し直されますが、ここでは、その価値に変動はないものとみておくことにします）。

次に、みなし相続財産額二四〇〇万円を基礎として、各相続人の「具体的相続分額」を算出します。

みなし相続財産額二四〇〇万円を基礎として法定相続分に応じて算出される各相続人の具体的相続分額は、以下のとおりです。

妻Bが一二〇〇万円（二分の一）

長男Cが四〇〇万円（六分の一）に寄与分の四〇〇万円を加えた八〇〇万円

長女Dが四〇〇万円（六分の一）から生前贈与八〇〇万円を引くので〇円（マイナスにはしない）

次男Eが四〇〇万円（六分の一）から遺贈の二〇〇万円を引くので二〇〇万円

ついで、各人の具体的相続分額の合計額二二〇〇万円に対する各人の具体的相続分額の割合、すなわち「具体的相続分率」を計算します。以下のとおりです。

妻Bが二二〇〇分の一二〇〇（一一分の六）

長男Cが二二〇〇分の八〇〇（一一分の四）

長女Dが〇

次男Eが二二〇〇分の二〇〇（一一分の一）

各相続人に分割される相続財産額は、現実に遺産分割の対象となる財産額（二〇〇〇万円から遺贈の対象である二〇〇万円を控除した一八〇〇万円）にそれぞれの具体的相続分率をかけて算出します（なお、遺産分割の対象となる財産の金額は、実際の実務では、遺産分割時の貨幣価値で評価し直されます。財産の中には、たとえば株のように短期間のうちに価値の変化するものも多いですから）。

この事例での計算は、以下のとおりです。

妻Bは一八〇〇万円×一一分の六

長男Cは一八〇〇万円×一一分の四

長女Dは〇円（一八〇〇万円×〇。もっとも、長女Dは生前贈与八〇〇万円をもらっていま

す）

次男Eは一八〇〇万円×一一分の一（もっとも、Eは、遺産分割外で遺贈二〇〇万円を取得します）

⑦ 不動産等についての共有関係の解消

不動産等分割できない財産がある場合（実際にはこの場合が大半）には、それらにつき、⑥の末尾の部分に記したような割合的な共有関係が生じてしまいます。その共有関係を解消するための分割は、原則として遺産分割手続の中で行うことになります（二五八条の二。相続開始時から一〇年間は地裁に共有物分割の訴えを起こすことはできない）。

共有物分割の具体的な方法は、現物分割、代償分割（一人が取得して他者の分は金銭で清算）、換価分割（売却して代金を分ける）等です。

なお、遺産分割で特定の財産を共有にしておく旨の合意をし（たとえば一つの建物を二人が取得して同居するような場合に考えられます）、後にこれを解消したい場合には、すでに遺産分割は終わっていますから、分割の協議ができなければ地裁に共有物分割の訴えを起こすことになります。つまり、そうした二度手間の危険を避けたいなら、遺産分割で共有関係をすべて解消しておくほうがよいということです。

⑧ 特別受益・寄与分の主張の期間制限

二〇二一年の改正（二〇二三年四月一日施行）により、「原則として、相続開始時から一〇年経過後の遺産分割では、特別受益・寄与分に関する主張はできない」という制限が設けられたので、これらの主張をしたい人は、注意が必要です（九〇四条の三）。

⑨「特別寄与料」の請求

最後に、これは遺産分割手続外の制度になりますが、相続人以外の被相続人の親族（たとえば長男の妻）が特別な寄与をした場合には、相続人に「特別寄与料」の支払を請求できます。相続人の場合の「寄与分」と同様の要請による制度といえます。これについて当事者間で協議ができないときには家裁に対して協議に代わる処分を請求できますが、その期間は、相続の開始および相続人を知った時から六か月の経過時、相続開始時から一年の経過時のいずれか早いほうです。いずれも除斥期間と解されています（一〇五〇条。請求の可能な期間が短いことに注意）。

これで遺産分割とその関連手続は終了です。お疲れ様でした。

一般的にいえばかなり難しかったのではないかと思いますが、たとえば会計学等の計算に慣れている読者の中には、「これなら自分だけでもできそうだ」と思った方もいるでしょう。もしあなたが先の説明をすぐに理解できたのなら、そうかもしれません（計算方法それ自体は、いったん頭に入れてしまえば、さして難しくはないです）。しかし、財産の種類が多数で前記のような点にそれぞれ争いがあるとなると、遺産分割が終了するまでは、常にそのことで頭がいっぱいになるだろうことは、想像がつくのではないかと思います。

大きな遺産の分割に伴って起こるだろう長い争いを避けるためには、やはり、遺産の範囲を明確にした上で（所有者と名義人が異なるような場合にはそれを一致させておく）、公正証書遺言をしておくのがいいでしょう（個々の財産の帰属まで正確に指定しておくことができます）。

また、次項で説明する遺留分に関する争いをも避けたいなら、遺留分を侵害しない内容の遺言にしておくのが適切です。あるいは、遺言書作成とあわせ、特定の遺留分権利者に対してたとえば相当の贈与をするなどして、自分の生前に遺留分の放棄をしてもらっておくという方法もありますが、これには家裁の許可が必要です（一〇四九条一項）。大きな財産があるというのは、ある意味、なかなか面倒なことかもしれませんね。

遺留分侵害額請求とその具体的事例

兄弟姉妹を除く法定相続人（一五〇頁参照）には「遺留分」、すなわち「被相続人の財産から法律上取得することの保障されている最低限の取り分」があり、その率（総遺留分率。全相続人の遺留分率の合計）は、直系尊属のみが相続人となる場合（まれな事態です）には相続財産の三分の一、それ以外の場合（大半の場合です）には相続財産の二分の一です（一〇四二条一項）。各遺留分権利者の「遺留分率」は「総遺留分率」に各権利者の法定相続分率をかけたものとなります。

簡単な例を挙げると、父親Ａ（あとに残されたほうの親）が遺言で財産五〇〇〇万円を法定相続人である二人の子兄Ｂ、妹ＣのうちＢに全部相続させた場合、妹Ｃは、相続財産五〇〇〇万円について、二分の一（総遺留分率）にみずからの法定相続分率二分の一をかけた四分の一の金額、すなわち一二五〇万円の遺留分侵害額請求を、兄Ｂに対して行使できるわけです。

右は単純な例ですが、遺留分侵害については、遺言の内容が複雑だったり、生前贈与や相続債務があったりすると、それだけで計算がかなり難しくなります。

以下においては、そうした場合について読者が遺留分侵害額請求を行うときを念頭に置いて、その具体的な算出方法を正確に理解するために最低限必要な事項を解説します。これも、遺産分割同様、難しいかと思います。やはり、とりあえずは大体の感じをつかんでいただければ十分でしょう。現実に遺留分侵害額請求を行う場合、あるいはその可能性について考えるような場合には、再度熟読していただければと思います。

「遺留分算定の基礎となる財産額」は、相続開始時の相続財産に一定期間中の生前贈与（相続人以外の第三者に対するものを含む）を加え、これから相続債務を引いたものです（一〇四三条）。加える生前贈与は、相続人に対するものは相続開始前一〇年間のものです。第三者に対するものは相続開始前一年間のものに限りますが、それより前のものでも、贈与契約の当事者双方が遺留分を侵害する贈与であると知ってしたときには加算されます（一〇四四条。相続人のほうが考慮される贈与の範囲がより長い期間中のものであるのは、ほかの相続人との公平の観点からです）。

右のとおり相続人以外の第三者への贈与も加算し、一方、相続債務を控除する点、加算される贈与に期間の制限がある点、後に述べるように寄与分は考慮されない点、第三者も遺留分侵害額請求の対象とされる点、また、「持戻し免除」の意思表示の効力が認められない点（最高裁二〇一二年〔平成二四年〕一月二六日決定）は、遺産分割の場合と異なっています。これは、前記のような「最低限の取り分」を保障するという遺留分制度の目的によることでしょう。

遺留分侵害額は、次のような算出式により算定します（一〇四六条）。

「遺留分侵害額＝（ⅰ）遺留分額－（ⅱ）遺言や遺産分割により遺留分権利者が取得する相続財産額＋（ⅲ）遺留分権利者の特別受益額－（ⅳ）遺留分権利者の負担する

相続債務額)」

算出式のうち( )内は、「遺留分侵害額請求がない場合に相続に関連して遺留分権利者が実際に得る金額」です。

したがって、本来確保できるはずの「遺留分額」から「( )内の金額」を引いた差額が、足りない分、すなわち「遺留分侵害額」になります。

以下、具体的に述べます。
① まず、(i)の「遺留分権利者の遺留分額」を計算します。これは、前記の「遺留分算定の基礎となる財産額」に各権利者の「遺留分率」をかけたものとなります。
次の②ないし④は、前記の( )にかかる部分の計算になります。
② 次に、①で算出した遺留分額から、(ii)の「遺言や遺産分割により遺留分権利者が取得する相続財産額」を引きます。これは、正確にいえば、(ア)遺言により遺留分権利者が取得する相続財産額、(イ)遺産分割の必要がある場合には遺産分割の項目で説明した算定方法によって遺留分権利者が取得すべき財産額、(ウ)遺言の対象が一部の相続財産である場合には(ア)と(イ)の合計額、となります。ただし、遺留分関係の計算では、寄与分は考慮されません。
③ さらに、(iii)の遺留分権利者の「特別受益(贈与、遺贈)」の額を引きます(かっ

こ内の「＋」ですから「－」になるわけです）。
④最後に、（ⅳ）の遺留分権利者の負担する「相続債務」の額を加えます（かっこ内の「－」ですから「＋」になるわけです）。遺留分侵害は基本的に相続人間の内部的な法律問題ですから、ここで加える相続債務の金額は、遺言により相続分が指定（九〇二条）されている場合には、その指定の割合による金額となります（最高裁二〇〇九年〔平成二一年〕三月二四日判決）。
⑤右のようにして算定された遺留分侵害額について、贈与や遺贈を受けた者、また遺言により特定の財産を承継した相続人や相続分の指定を受けた相続人（ほかの相続人や贈与・遺贈を受けた第三者）に請求します。
⑥遺留分侵害額負担には順序があります。具体的には、第一順位が、遺贈、遺言による特定の財産の承継（たとえば土地が与えられるなど）、相続分の指定（遺言による「法定相続分とは異なる相続分の指定」）による遺産の取得、です（以上は、遺留分侵害という観点からみればどれも同じように評価されるものといえます）。第二順位が死因贈与（前記のとおり、贈与者の死亡によって効力を生じる贈与。これは契約なので、生前に、贈与を受ける者との間で締結しておくことになります）です。第三順位が生前贈与ですが、これについては、なされた時点が相続開始時に近かった贈与ほど先順位になります（以上につき、一〇四七条一項一号、三

号）。贈与は契約によりすでに相続財産から離脱している財産ですから、その負担については、遺贈等より後回しにしようという考え方によります。死因贈与の効力は前記のとおり遺贈とおおむね同じなのです（五五四条）が、やはり贈与ではあるので、遺留分侵害額負担の順位では、遺贈等よりはあとになるわけです。

遺贈等が複数の場合、同時にされた複数の贈与がある場合には、その価額の割合に応じて負担が決まることになります。

なお、遺留分のある相続人については、遺贈・贈与等によってその遺留分額を超える額を取得することになる者のみが、各自の遺留分超過額に応じて、遺留分侵害額請求を受けます（これは、そうしないと、請求を受けた者の遺留分が侵害されてしまう結果となるため、その者がまた遺留分侵害額請求をすることになるという問題が起こりうるからです。以上につき、一〇四七条一項の最初の段落、一項二号）。

⑦ 具体的な遺留分侵害額請求事例

先の例よりは複雑ですが、それでもままありうるような遺留分侵害額請求の例も挙げてみましょう。算出方法はぐっと難しくなります。

「父親A（あとに残されたほうの親）が亡くなり、二人の子兄B、妹Cが残されました。父親Aは、財産を兄B二五分の二四、妹C二五分の一の割合で相続させるとの遺言をしていました。相続財産額は金額にしてちょうど五〇〇〇万円でした（したがって、兄Bは四八〇〇万円を、妹Cは二〇〇万円を相続することになります）。一方、相続債務は一〇〇〇万円でした。また、父親Aは、兄Bに対しては、五年前に、その事業を援助するために一九〇〇万円を、妹Cに対しては、二年前に、結婚資金として一〇〇万円を、それぞれ贈与していました。

さて、妹Cは、どのように遺留分侵害額請求ができるのでしょうか？」

遺留分算定の基礎となる財産は、相続財産額五〇〇〇万円に兄Bへの贈与一九〇〇万円と妹Cへの贈与一〇〇万円を加え、これから相続債務一〇〇〇万円を引いた六〇〇〇万円です。

前記の①すなわち妹Cの「遺留分額」は、六〇〇〇万円にその遺留分率（総遺留分率二分の一に法定相続分率二分の一をかけた「四分の一」）をかけた一五〇〇万円になります。妹Cについては、②（遺留分権利者が取得する相続財産額）は二〇〇万円、③（特別受益額）は一〇〇万円であり、④（指定相続分に応じて承継される相続債務額）は一〇〇〇万円の二五分の一である四〇万円です。

したがって、妹Cの「遺留分侵害額」は「①一五〇〇万円－（②二〇〇万円＋③一〇〇万円－④四〇万円）」ですから、一二四〇万円になります。

この例でみると、兄Bが遺言で得る四八〇〇万円からその遺留分額（妹Cと同額の一五〇〇万円）を引いた三三〇〇万円は妹Cの遺留分侵害額一二四〇万円よりも大きいので、相続財産部分だけで遺留分侵害額負担がまかなえることになり、兄Bが受けた生前贈与は遺留分侵害額負担の対象にはなりません。

妹Cの指定相続分による相続債務四〇万円を考慮すると、妹Cが一二四〇万円を受け取っても、現実にプラスになるのは、一二〇〇万円です（なお、この場合についても、一五三頁で述べた場合と同様、債権者は、法定相続分二分の一に応じて妹Cから五〇〇万円の債務を取り立てることもでき、その場合、妹Cは、指定相続分に従えば本来兄Bが支払うべきであった四六〇万円については、兄Bに求償請求ができます〔九〇二条の二〕）。

遺留分侵害額負担は、たとえばこの例のように、前記⑥（一七六頁）の第一順位の遺贈等の範囲でまかなえることも多いのですが、たとえば、親が生前に非常に大きな金額の生前贈与を兄弟姉妹のうちの数名に時をたがえてしており、一方相続開始時の相続財産が相対的にわずかであったような場合には、遺贈等の範囲では遺留分侵害額には不足し、遺留分侵害額の負担が第二・第三順位の贈与に順次さかのぼってゆくことが起こりえます。

遺留分侵害額請求の計算や方法は以上のとおりです。再度お疲れ様でした。

これもやはり難しかったのではないかと思いますが、遺留分侵害額請求は、ままありうるような事例でもその計算がかなり複雑になることだけは、記憶しておくとよいかと思います。

さて、遺留分侵害額請求権は、相続の開始および遺留分を侵害する贈与、遺贈があったことを知った時から一年または相続開始の時から一〇年で消滅します。前者は時効、後者は除斥期間と解されています（一〇四八条）。

したがって、遺留分侵害を知ったら、遺留分に関する権利を行使する旨の意思表示を、内容証明郵便等の、確実にその内容と行使の時期を証明できる方法によりしておく必要があります。

遺留分について当事者間で協議ができない場合には、家事調停の申立てをし、それが不調の場合に地裁に遺留分侵害額請求訴訟を提起することになります（前記の調停前置主義）。なお、家事調停の申立てをしただけでは前記の意思表示をしたことにはならないのでご注意ください。家事調停の申立ては、前記のような方法で明確な権利行使の意思表示をした上で行う必要があります。

なお、遺産分割協議成立後には遺留分侵害額請求はできません。みずからの意思で協議して納得した分割の内容について、遺留分侵害額請求というかたちでむし返すことになるからです。

相続紛争を家裁で一括解決するための改革案

さて、ここまでの説明でおわかりのとおり、相続に関する紛争においても、本章でふれてきたような各種の訴訟をする必要がある場合には、これを地裁に提起しなければなりません。遺産分割中にそうした点が前提問題として争いになった場合には、地裁に訴えが提起され、その訴訟が行われている間は、遺産分割は、とりあえず進行を止めて、その結果待ちになります。また、密接に関連している遺産分割と遺留分についてみると、判断を行う機関は、家裁（遺産分割の家事審判）と地裁（遺留分侵害額請求訴訟）に分かれてしまいます。しかし、このように担当裁判所・手続が分かれているのは、当事者にとっては非常に不便です。

本当をいえば、利用者のためには、相続関連の争いはすべて家裁で解決できるようにしたほうがいいのです。右のような訴訟を地裁の通常訴訟としている理由の大きなものとして、家事審判でそれらの事項について判断しても、家事審判は「判決」ではなく「決定」なので「既判力《きはんりょく》」（判断された事項に当事者、裁判所が拘束されるという効力）がない、したがって、争おうと思えば、その判断内容を後の訴訟でまた争うことができてしまう、ということがあります。

けれども、① 訴訟の管轄については、人事訴訟を家裁に移管した（第5章でふれました）ように、家裁に移すこともできます。あるいは、② 右のような訴訟の対象事項について、家事審判の対象とするとともに、その部分の手続は厳格にし、審判（決定）について既判力を認める、とすることも可能ではないかと思います（民事訴訟法理論でも、事項によっては決定にも既判力が認められうるという解釈はあります〔拙著『民事訴訟法』の項目四六七〕）。

また、これは右の点に限らず、家裁の体制の充実全般についていえることですが、裁判官の手当て、人員の配置については、裁判所部内における調整によっても可能です。司法制度改革のころに裁判官は大幅に増員されましたが、裁判官の負担の基本的な指標とされる民事訴訟新受件数についてみると、近年、むしろ一九九〇年代レベルにまで減っています。したがって、裁判官のさらなる増員は難しいでしょう。しかし、内部調整は可能です。

前記増員の大きな理由は裁判員制度の導入だと思いますが、この制度は近年裁判員辞退率が七割近くにまで上がってきており、市民の理解が得られていません。被告人が有罪を認めている事件について実質的にはただ量刑を決めるだけのために裁判員を長期間拘束している例の多いことが、その一つの理由と思われます（なお、裁判員裁判による量刑が上級審でくつがえされる例も、時々あります）。

しかし、たとえば、裁判員裁判の対象につき、現在のように一定範囲の重罪事件のすべてとするのではなく、被告人が無罪を主張しかつ裁判員裁判を求める場合だけに限定すれば、「そんな重要な判断なら協力すべきだろう」ということで、市民や企業の理解もより得やすくなるでしょう。また、その場合の合議体に入る裁判官の数も、現在のように三名も必要はないと思われます。そして、これにより、小規模の裁判所については刑事専門部を置かないという方法で人員配置を合理化し（このような合理化は、かつては、裁判所部内でも検討されていました）、その分を大規模家裁にまわすなどの措置も、可能になるはずです。

また、民事訴訟新受件数の前記のような推移については、それ自体司法制度改革の効果を疑わしめる事柄であって大きな問題ですが、当面その傾向が変わりそうもないのであれば、やはり、家裁を機能させるてこ入れのために、民事部との調整も考えていいでしょう。

以上のような方法で家裁の陣容を強化することによって、たとえば、第5章でふれた「離婚の場合の、共同親権をも含めた子の監護に関する必要事項全般、あるいは財産分与等」についても、家裁が積極的に関与、チェックできるようになると思います。

裁判所についても、行政官庁と同様に、組織のあり方を合理化するだけで、国民、市民サービス機能を高めることは可能です。その一例として、提案したいと思います。

相続紛争の実態と紛争防止のための基本的注意事項

遺留分侵害額請求訴訟は、地裁の裁判官にとっては、気の重い事件類型の一つでしょう。通常扱っている財産法の理論とはポリシーや感覚が異なることもありますが、ともかく、感情的対立が激しく、算定の基礎となる個々の費目について主張立証の細かい事件が多いのです。前記の相続法改正によって、とりあえず、それまでの疑問点の多くは解消し、算定方法も合理化されたとはいえ、右のような訴訟の性格については変わらないでしょう（遺留分権利者の権利を金銭債権化した右改正前の事件ではありますが、『ケース』17事件がその一例を示しています）。

「動物における愛の行動は、憎しみの行動が反転して儀式化、無害化されたものである」（コンラート・ローレンツ著、日高敏隆ほか訳『攻撃——悪の自然誌』〔みすず書房〕）というのは生物学者の古典的洞察（なお、異論もあります）ですが、この類型の訴訟では、それとは逆方向の「愛の反転した憎しみ」が、抑えても抑えても噴出する傾向が強いのです。それは、この訴訟が、基本的には、親からより愛され多くを得た子とそうでない子との間の骨肉の争いだからです。顔も性格もよく似た兄弟姉妹どうしが憎悪をみなぎらせた言葉と視線を交わし続ける様には、時として、すさまじいものがあります。

私の記憶している最も大きな事件の一つでは、延々と細かな条項の続く和解の話がようやくまとまった直後に、遺品の一つである大きなガラス工芸品の引渡しにつき、「一方が取りに行くのか。それとも他方が届けるのか」という隅の隅の話からまた激烈な言い争いになり、あやうく和解が壊れそうになりました。こうした場合には双方の弁護士が責任をもって受け渡しをすればそれですむのですが、弁護士たちも、激高し、当事者とともに口論を始める有様でした。

弁護士は、当事者のために闘いつつも、その背後では当事者と一定の距離を取って事案を見詰めるクールな視点をも保つことが必要です。そうでないと、致命的な判断ミスをしかねません。しかし、親族・相続紛争では、弁護士にそのような視点がなく、右のように当事者と完全に一体化してしまっているような例も時にみられるのです。

もっとも、親族・相続紛争には、弁護士をもそうした方向に導きかねない「魔」の要素を含むものがあるのも事実です。

さて、この章の以上の記述を踏まえ、相続について市民が注意しておくべき基本的事項を挙げておきましょう。

①一定の財産があり、相続人間の争い（配偶者と子らのそれを含む）がわずかにでも考えられる場合には、遺言を作成しておくこと、②相続人は、争いが起きそうになったら、でき

る限り早期に透明性のある話合いをして、合理的な遺産分割協議を成立させること（争いが激しくなると、近親憎悪が燃え上がり、当事者間での合理的解決は困難になります）、③本格的な争いになってしまったら早めに弁護士に相談すること、です。

なお、②については、遺留分関連紛争に関するあるベテラン弁護士の言葉を引いておきましょう。こういうものです。

「大半の財産を相続した場合、たとえ、苦労して最後まで親の面倒をみてお金も使った、一生懸命家業を手伝い、親の資産を増やしたなどの事情があっても、ほかの相続人から不満が出たら、自分のほうから数百万円単位の和解金を提示し、穏やかに収めるのが一番なのです。その時点ならそれですむのに、喧嘩を売って、結局、はるかに大きな金額を支払う結果になる場合が、非常に多いのですよね」

その当否はおくとしても、これが、ベテラン実務家の体験に基づく、相当の根拠のある言明であることだけは、間違いがないでしょう。

また、親族・相続関連事件を専門とする弁護士の中には、前記のとおり当事者以上に闘争心の強い人もいて、その過激な主張が本当に当事者のためになっているのか疑問を感じる場合も、なきにしもあらずでした（無理な主張に固執してかえって不利になる、紛争がいたずらに長引くなど）。一般的にいえることですが、弁護士の選択に当たっては、こうした点にも注意したほうがいいでしょう。よりストレートにいえば、「感情的になっていると激しい性格の弁護士を選択しやすいが、それがかえって裏目に出る場合もある」ということです。

「相続税対策」の落とし穴

相続税対策については、年一一〇万円以下の贈与は非課税とする暦年贈与の制度などよく使われているものを含め、さまざまなものがあります。しかし、この本の目的とは離れますし、個々のスキームがいつまで有効なのかも不確かな場合が多いので、本書では、予防法学の観点から、むしろ、相続税対策の落とし穴、つまり潜在的な危険性に関して、いくつかの事柄、事例を挙げながら論じておきたいと思います。

①リスクの高いスキームの可能性

まず、相続税対策のために組み立てられるスキームには、リスクの高いものがありえます。その一例が、バブル経済崩壊後に訴訟の非常に多かった「相続税対策としての融資一体型変額保険」です（なお、変額保険それ自体は、満期保険金の額が運用に応じて変動する投資型の生命保険商品で、よくあるものです）。

これは、バブル経済の時代に、生命保険会社が銀行とタイアップして販売した商品で、地価高騰に対する相続税対策を目的として設計されていました。おおまかにいえば、「保険契約者たちは、自宅土地、建物を担保として一時払の高額な保険料を銀行から借り入れる。その債務は相続に当たって相続財産から控除されるし、死亡保険金によって、相続税とあわせて銀行に対する債務も支払える」というスキームです。しかし、「バブル経済が続いて変額保険の運用益が高いまま推移し、かつ地価も高騰し続ける」ことを前提としたシステムは、バブル崩壊によって崩れ去り、保険契約者たちは、銀行からの借入金の返済がおよそできなくなり、不動産を失うのみならず、さらに債務が残って返済を迫られ、生命保険金で支払うほかないとして自殺するといった例まで出ました。

また、保険契約者たちは、錯誤、詐欺等による契約全体の無効、取消し、生命保険会社と銀行の不法行為等を主張して、債務不存在確認請求、不当利得返還請求、不法行為損害賠償請求等の訴えを多数提起しました。

しかし、こうした事案では、金融商品としてのリスクの説明は一応行われていることが多かったので、運用実績等について虚偽の説明があった場合を除き、保険契約者たちの主張は容易に認められず、債務の一部カットと長期分割弁済という厳しい和解を強いられることが多かったのです。

保険契約者たちには、「生命保険会社と銀行にだまされた」という被害意識が非常に強く、確かに「バブル経済の継続を前提とするシステム」を設計した企業の社会的責任はきわめて重いといえます。けれども、一方、一応のリスクの説明がなされており、虚偽説明等もなかった場合については、契約する前にバブル崩壊のリスクを考えないまま「相続税対策」という勧誘に乗ってしまった契約者の責任もまた、否定しにくいのです（バブル経済が続くものと信じたから契約の動機に錯誤〔九五条一項二号〕があった、あるいは、そのように説明したのは詐欺〔九六条一項〕である、というだけの理由では、三審級を勝ち続けるのは困難です）。

② 節税と脱税の境界は不明確

次に、一般的には事実上許容されている相続税対策でも、極端なものは追徴課税の対象になりえます。その典型例が、各審級で国が勝訴した（最高裁判決は二〇二二年〔令和四年〕四月一九日）いわゆる「タワーマンション裁判」です。これは、不動産の実勢価格と路線価の価格差を利用して行われてきた不動産投資による相続税対策（被相続人が実勢価格で購入した不動産について相続人がそれよりも低い路線価で評価して申告すれば、相続税が低く抑えられる）について、相続人の路線価評価額が国税局による不動産鑑定評価額に比べて約四分の一と異常に低く、タワーマンションの購入とこれに伴う借入れが行われなければ課税価格の合計額が六億円を超えたはずの事例について相続税額が〇円とされていたとの事実関係の下で、脱税であるとの判断がなされたものです。

この判断自体は当然といえば当然のものですが、ではどこからが節税の範囲を超えて脱税になるのかというメルクマール自体については、明らかではありません。

このように、節税と脱税の境界は相対的なものであり、どこで線が引かれるかは、課税当局、最終的には裁判所の判断次第であることは、知っておく必要があります（なお、タワーマンションの相続税評価額については、今後引き上げられる可能性があります）。

たとえば、前記の暦年贈与は、制度的に認められているものですから最もリスクの低い相続税対策ですが、これについても、毎回贈与契約書を作る、送金の証拠を通帳に残す、贈与を受けた者にその管理処分権が移っていることを明確にする（もしも私がするなら、子らが日常使用している口座に送金します）、毎年行う場合には、贈与の時期や金額を変える、などの配慮が必要といわれています。これは、「最初にまとまった大きな金額の贈与を約束し、贈与税脱税のためにその履行を暦年贈与のかたちでしている」と判断されないためです（なお、相続開始前三年以内の贈与については、相続財産に加算して相続税が計算されるのが原則です。また、この加算期間は二〇二四年一月以降七年間に延長される可能性が高いようです）。

この制度には、高齢者の資産を子らなどに移転させて消費や投資を促すなどの目的もあるのでしょうから、右のような意地の悪い判断をされる例は多くないと思いますが、それにしても、結構注意は必要なわけです。実際に行う場合には、自筆証書遺言の場合と同様、最初にマニュアル類をよく確認してから始めるほうがいいでしょう。

③ 一次相続と二次相続の選択について

最後に、親のうち一人目の死亡に伴ういわゆる一次相続と二人目の死亡に伴う二次相続の選択（二次相続には配偶者控除がない関係上、一次相続で子らにも分散相続させておいたほうが、トータルとしての相続税が低くなる）は、脱税をいう余地のない相続税対策でしょう。そして、相続財産が大きい場合には、確かにかなりの差が出てくるようです。

しかし、私の周囲の相対的富裕層（相続時の金融資産が一億円程度はあると見込まれる人々。弁護士等）に尋ねてみたところでは、「みずからは妻にほとんどの財産を相続させ、子らの分は合計でせいぜい一〇〇〇万円までとするつもりです」という人が大半でした。

私自身も、その選択が無難だと思います。

なぜなら、夫死亡後の妻の生活の安定という問題があるからです。夫が亡くなったあと二〇年ないしそれ以上生きる妻は今では結構多く、長期間老人ホームに入居する可能性もありますが、最後まで完全看護で面倒をみてくれる相対的ハイクラスの老人ホームの費用は、首都圏では、年平均で五〇〇万円程度にはなります（私の母のホームは北関東だったので、首都圏よりはかなり安かったのですが、それでも、年平均で三〇〇万円をかなり超えていました）。

そうすると、年金を考慮しても、その費用だけで場合により八〇〇〇万円くらいは必要になりえます。自宅を処分するという手段もありますが、その金額は、たとえば首都圏でも、郊外では、さほど大きなものではありません（なお、近年増加しているサービス付き高齢者向け住宅の「サービス」には、原則として介護は含まれていません。介護が可能な施設でも、要介護度が高くなると対応できないことがありえ、また、費用も高くなります）。しかし、足りなくなったからといって、母親が子らに「払ってよ」と頼むのは心苦しいでしょうし、その時点で子らに資力があるとは限りません。親子ともに非常に困ったことになりうるわけです。

税金を払いたくないということばかり考えていると、あとからそうした問題が生じかねません。つまり、この方法も、より大きな老後人生設計の中で考えるべきなのです。

最後に付け加えれば、私自身は、合法的な節税はもちろん否定しませんが、基本的には、税金は払うべきだという考えです。そして、その上で、政治家と官僚による無駄遣い、たとえば、政治や社会のあり方までゆがめる天下りや票集めのためのバラマキについては、徹底的に批判してやめさせ、また、税負担については、弱者への配慮を前提としつつも、公平、公正を徹底させるべきだと思います。

人々が税金対策に血道を上げ、税の使い方や負担の公平の問題がその陰に隠れてしまう事態は、もしかしたら、為政者、また、権力、富、既得権をもつ人々にとって、大変好都合なことかもしれません。そのことも、考えてみていただければと思います。

第7章

雇用、投資、保証

——経済取引関連紛争

雇用をめぐる紛争

雇用に関する制度は、日本の制度のうち最も問題の大きいものの一つでしょう。まず、法的紛争の多い論点をいくつか取り上げ、その後、背景にある構造的な問題にもふれたいと思います。

(1) 残業代不払

労働基準法では、一日八時間、一週四〇時間を「法定労働時間」と定めています（三二条）。

使用者は、過半数組合（過半数組合がない場合には過半数代表者）と労使協定（労働基準法三六条に基づくいわゆる「三六《さぶろく》協定」）を締結し、労働基準監督署に届け出た場合には、法定労働時間を超えて労働させることができます。

法定労働時間外、深夜、休日の労働については、割増賃金を支払う必要があります（同法三七条、いわゆる割増賃金令）。その割合は、法定労働時間を超える時間外労働については、月六〇時間以内の部分については二割五分以上、月六〇時間を超える部分については五割以上です。また、午後一〇時から翌日午前五時までの間の深夜労働については二割五分以上、法定休日（同法三五条一項）労働については三割五分以上です。

時間外労働が深夜労働となった場合には合計して五割あるいは七割五分以上の割増賃金を支払う必要があり、法定休日労働が深夜労働となった場合には合計して六割以上の割増賃金を支払う必要があります（なお、法定休日労働については時間外労働の規制は及ばないので、一日八時間を超えて勤務しても、深夜労働でなければ、割増率は三割五分以上のままです。また、以上の記述は、基本的な原則を示したものです）。

割増賃金部分をも含めた残業代の不払は、残念ながら、非常に多いようです。これについては、とりあえずは、労働基準監督署の相談窓口等各種の相談窓口で相談してみるといいでしょう。

とりうる手続としては、ADR（裁判外紛争処理制度）以外では、①労働基準監督署に対する申告（同法一〇四条。是正勧告や指導を求める）、②都道府県労働局の紛争調整委員会や都道府県労働委員会に対する個別労働紛争のあっせんの申立て、③労働審判法に基づく労働審判の申立て、④民事訴訟の提起、といった方法があります。以下、順に解説します。
①についても明確な証拠は必要です。また、労働基準監督署は、あくまで監督機関ですから、具体的な残業代の計算や請求の仲介を行ってくれるわけではありません。なお、勤務を続ける場合には、使用者との関係がぎくしゃくする可能性もありうるでしょう。

②は費用や迅速さの点でメリットがありますが、裁判所の手続ではないので、執行力（それに基づき強制執行のできる効力）はありません。

③の労働審判手続は、近年の制度としては成功したものの一つといわれています。審理は、裁判官と労働審判員二名で構成される労働審判委員会が行い、非公開です。期日は原則として三回以内、また、平均審理期間は三か月を割っています。調停が原則であり、七割程度が調停で終了していますが、不成立の場合には労働審判がなされ、これに異議が申し立てられれば通常訴訟に移行します。なお、労働審判は、個々の労働者と事業主との間に生じた紛争を解決するための制度ですから、後記（3）、（4）についても利用が可能です。

もっとも、③は民事訴訟手続の特別手続として設計されており、前記のとおり最後は訴訟に移行することになりますから、対立が激しいような場合には、最初から、③ではなく④の民事訴訟を選択することも考えられるでしょう（労働審判に対する異議申立率は六割程度とかなり高いです）。

弁護士の選任率は、③でも九割程度と高いようです。こうした事件（依頼者が裕福ではない）については弁護士報酬が高いという感想もあるのですが、具体的な残業代の計算やこれについての主張立証はかなり面倒なので、自分でやるのはそれなりに大変な場合が多いと思います。

結局、使用者との話合いで解決する可能性が乏しい場合には、第9章に記すような方法で適切な弁護士を探し、相談してみるのが適切といえるでしょう。

さて、以上のいずれによるとしても、残業代不払については、これに関する証拠を収集しておく必要があります。

残業時間を証明する証拠としては、タイムカード（あるいはこれに代わる出退勤管理アプリ）によればいいわけですが、たとえば使用者がタイムカードに打刻させた後に残業をさせる（労働時間の虚偽申告を強いる）など労働時間の記録方法に問題がある場合には、退社時に会社のパソコンから自分のパソコンにメールを送っておくなど、実際の退社時刻を証明できるような証拠を作っておくことが必要になります。会社で業務に使用していたパソコンのログイン・ログオフ記録による立証も可能でしょう。また、最近は、GPS（位置情報）を利用して残業時間を測定し、残業代を自動計算してくれるアプリもあるようです。

残業代計算の基本となる一時間あたりの基礎賃金を算出するためには、雇用契約書、給与明細等が必要になります。

すでに退職しているなどにより以上のような証拠の収集が難しい場合には、弁護士に相談したほうがいいでしょう。

なお、賃金請求権の消滅時効期間は労働基準法本則（本文）では五年です（一一五条）が、実際には、同法附則一四三条三項により、経過措置として当分の間は三年とされているので、注意が必要です。期間の経過した部分から消滅時効にかかるのを避けるために、とりあえず、内容証明郵便で、残業代の支払を求める期間を正確に特定した請求（民法一五〇条一項の「催告」）をしておき、それから六か月を経過するまでに労働審判の申立てや訴えの提起をするのが適切です。

（2）　過労死、過労自殺と労災請求

労働災害については、労災保険による給付を受けられますが、その要件としては、「業務遂行性」と「業務起因性」が必要です。そして、前者については、参加が事実上強制されている会社行事等を含め広く認められています。しかし、後者については、いわゆる過労死、また過労による精神障害やこれを原因とする自殺（過労自殺）の場合が問題になりやすいのです。

まず、脳血管・心臓疾患を原因とする死亡（過労死）については、業務との因果関係を肯定するために、①発症直前の異常な出来事、②短期間の過重業務、③長期間の過重業務のいずれかが認められる必要があります。①については、大きな精神的負荷、身体的負荷を強いられるような異常な事態があったこと、②については、発症前おおむね一週間以内に特別に過重な業務に従事していたこと、③については、発症前一か月間におおむね一〇〇時間または発症前二か月ないし六か月間におおむね月八〇時間を超える、いわゆる「過労死ライン」の時間外労働に従事していたこと、が基本であり、②、③では、これに、勤務形態（不規則、長時間、深夜等）、作業環境、精神的緊張といった労働時間以外の負荷要因をも加味して総合的に判断されます（②の場合、こうした負荷が重いことが必要です）。なお、残業代不払の場合と同様、労働時間が明確でなければ立証の必要が出てきます。

うつ病等の精神障害、あるいはこれによる過労自殺についても、やはり因果関係が問題になります。①認定基準の対象である精神障害を発症したこと、②精神障害の発症前おおむね六か月間に業務による強い心理的負荷があったこと、③精神障害が業務以外の心理的負荷および労働者自身の要因、事情により生じたとは認められないこと、の三要件を満たす必要があるとされています。②は、業務中に自己が重大事故にあいあるいは他人を重大事故にあわせた、重大なミスをした、退職を強要された、重大なハラスメントにあった、極度の長時間労働を余儀なくされた、などの事柄による強い心理的負荷をさします。

以上のいずれもかなり厳しい基準であるため、請求が容《い》れられる（支給決定がなされる）割合は、過労自殺が四割台、過労死が三割台、過労精神障害が二割台（二〇二一年度）と、高くありません。最終的に行政訴訟になった場合には、より柔軟な判断がなされることもありえますが、やはり、厳しい戦いになります。私がこの種訴訟を経験したのはかなり昔のことですが、そのころに請求が容れられずに訴訟になってくる事案は、大半が、「これはひどい」と感じられるようなものでした。つまり、行政における判断では、そうした例でも支給決定がなされていなかったということです。

過労死や過労精神障害・自殺による請求がなされるような例では、被用者は、まじめで責任感の強いタイプが多いのです。そういう人は、長時間労働でも途中で適当に気を抜くことができず、自分だけで苦労を抱え込み、自分がやるしかないと悲壮な覚悟をし、さらに、「ここで倒れたら自分はおしまいだ」とみずからを追い詰めてゆくことになりやすい。そうならないためには、「そうした自分から距離を取ってクールに状況を見詰めること」と「倒れる前に手を挙げる心構え」が必要だと思います。

若いころ、ある先輩が、「裁判官なんて、代わりはいくらでもいるんだよ。最高裁判事だろうと、難件を抱えた裁判長だろうと、死んだらすぐ代わりが来るのさ。ただ、ほんのちょっとの間波が立つだけのことなんだよ」と言うのを聞いたことがあります。そして、今になってみると、あれは真理だったと思います。

代替性のない仕事などほとんどありませんが、あなたという人間については代替性はありません。動物の一種として人間も「サバイバル」あってこそなのですから、「もうだめだ」と感じたらすみやかに医師にかかり、診断書を書いてもらって見切りをつけましょう。まずは、その時点で、肉体か精神に異変が出始めています。

私自身もそうした経験があるからいうことですが、実際には、そこで見切りをつけさえすれば、回復と再挑戦は難しくないのです。まずは、自分と家族を大切にしてください。なお、自分の職場の休職制度についても、あらかじめ調べておくとよいと思います。

また、労働災害については、労災保険とは別に、使用者に対する安全配慮義務違反に基づく損害賠償請求をすることも可能です。労災保険ではまかなわれなかった損害や労災保険の対象にならない災害について、訴えを起こすことが考えられます。

（3）解雇

解雇については、まず、少なくとも三〇日前に予告をするか、三〇日分以上の平均賃金を支払う必要があります（労働基準法二〇条一項本文）。なお、負傷疾病後療養・産前産後の各休業期間とそれらの期間後の三〇日間は解雇ができません（同法一九条一項）。

また、解雇については、①客観的合理性と、②社会的相当性を満たす必要があります（労働契約法一六条）。①は、労働者の労働能力や適格性の欠如・喪失、労働者の義務違反や職場規律違反行為、経営上の必要性をさしますが、①のような事由があっても、②により解雇が社会通念上相当と認められなければ、解雇は認められません。

　経営上の必要性に基づくいわゆる整理解雇については、①、②を具体化した整理解雇の四要件といわれる四つの事情（人員削減の必要性、解雇回避努力、被解雇者選定の合理性、解雇手続の妥当性）を中心とする総合考慮が行われて、解雇の当否が判断されます。
　①だけではなく②も要件とされていること、また整理解雇については四要件が厳しいことから、判例をみると、解雇は、簡単には認められない傾向が強いといえます。もっとも、日本でも、雇用の流動性が適切なかたちで確保され、労働者の転職が容易かつ一般的になれば、この点は、ある程度変わってくるかもしれません。
　なお、解雇の有効性を争う事件では、労働者の地位の確認と無効解雇期間中の賃金の支払を求める労働審判や訴訟を起こすことになります。また、この種訴訟では、交通事故損害賠償請求訴訟の場合と同様、当面の金員仮払（賃金仮払）の仮処分の申立てが可能です。

　解雇は不当だがもうその企業に勤める気はないという場合（実際にはそういう場合のほうが多いかもしれません）には、不当な解雇によって生じた賃金相当額（六か月分程度）、慰謝料（これは一〇〇万円くらいまでで、あまり大きくありません）を請求することになります。退職強要の場合でもほぼ同様かと思いますが、悪質なハラスメントが伴っていたような場合には、慰謝料が高額になりうるでしょう。

最後に、「懲戒解雇」は、懲戒処分のうちで最も重いものです。これについては、懲戒処分はやむをえないとしてもその方法として解雇を選択することが適切かがよく争われます。懲戒解雇については、解雇予告を伴わない即時解雇が一般的であり（労働基準法二〇条一項ただし書）、また、退職金も全部または一部が支給されないことが多いので、注意が必要です。

（4）各種のハラスメント

性的な言動によるセクシュアルハラスメント、妊娠・出産に関するマタニティーハラスメント、職務上の地位の優位性を利用したパワーハラスメントについては、男女雇用機会均等法、育児介護休業法、労働施策総合推進法やこれらに基づく指針によって、事業主に、その防止措置や対応する体制の整備が義務付けられています。

右のような規制もあるので、被害にあった場合には、企業の窓口、人事部等に相談すればよいといわれます。もちろん、それで解決できればいいのですが、実際には、「日本社会のムラ的体質」により、きちんとした対処をしてくれなかったり、かえっていやな思いをさせられたりする場合もままあるのではないかと思います。ある外国の日本研究者が、「日本に滞在し、その裏面について確信できたことが一つある。それは、隠れたハラスメントが非常に多いことだ」と言っていましたが、研究者があえてそういう話を持ち出すほど目立つということでしょう。

外部では、都道府県労働局の総合労働相談コーナー等に、その先は弁護士に相談ということになります。

ハラスメントに関する訴訟の多くは、被害者が、退職後に不法行為損害賠償請求を行うケースです。場合によっては、加害者のほか使用者の責任も問われえます。ことに、セクシュアルハラスメントについては、言い分の食い違いから訴訟にまで発展する例が多いようです。これは、行った者にその自覚の乏しい場合があることや、長い経過の中で被害者のほうにも断片的に相手に対する好意を示す言動があったりする（そのようにも解釈できる手紙やメールなどの証拠が残っている）ことによるのでしょう。しかし、後者については、離婚訴訟の場合と同じく、個々の行為の意味はあくまで全体の経過の中で評価すべきであり、これがあるからといって安易にハラスメントの成立を否定すべきではないでしょう（『ケース』19事件は、中小企業の社長による継続したセクシュアルハラスメントについて三五〇万円の慰謝料を認めた事案ですが、控訴審まで徹底的に争われたようです）。

ハラスメントについては、悪質な行為である反面、立証はそれほど容易ではないので、その経過を具体的に記録しておくことや証拠になるようなもの（たとえばメールなど）があればそれらを保存しておくことが重要です。また、これについては、小型の録音機等を用いた無断録音も、証拠収集の手段として許されると思います。ただし、録音のためにあえて挑発したりするのは、やめたほうがいいでしょう。

雇用紛争の背景にある問題

以上のような日本の雇用紛争の背景には、大きな構造的問題があります。

ここ数十年、ことにバブル経済崩壊後、経営者は、人件費を切り詰めて利益を出すという近視眼的な経営手法に走り、その結果、長時間労働や残業代不払が広がりました。非正規雇用の拡大により、低賃金で雇用の不安定な労働者の割合も急増しました。一方、終身雇用制、年功序列制、企業別労働組合を柱とする日本の古い雇用システムも、その欠点が目立つようになってきました。総体としてみると、どの種類の労働者にとっても労働環境は悪化したわけです。その結果、たとえば、仕事についての満足度や職場の人間関係の良好度などの国際比較で、日本は、最下位に近いレベルになってしまっています。

本来は、労働環境を整備し、労働時間を短縮し、賃金を上げ、また、再教育制度の整備等を含めステップアップ転職を容易にしてゆくための環境整備を行う方向が望ましかったわけです。そして、それらに応じられるようなかたちで、産業構造や経営手法の改革、イノベーションの推進等が進められるべきだったといえます。実際、この間、ヨーロッパではおおむねそのような方向がとられ、大きな成功を収めた国もあります。

しかし、日本では、産業界の強い圧力により、政治は、一九八五年成立のいわゆる労働者派遣法による労働者派遣事業の解禁等を始めとして、経営者の近視眼的な要請に応えるような制度作りを推進しました。その結果は、少なくとも全体としてみれば、賃金が上がらず、労働時間が長く余暇が短く、消費は落ち込み、労働生産性は伸びず、成長も鈍り、一方、企業の古い体質は温存され、いわゆるブラック企業も増えるという、いいところなしの状態になりました。一流といわれる大企業で起こった一九九一年と二〇一五年の電通過労自殺事件は、こうした事態の象徴ともいうべきものでしょう（明石順平『人間使い捨て国家』〔角川新書〕は、やや硬い記述をも含みますが、ブラック企業関連訴訟を手がける弁護士の視点から、以上のような問題を生々しく論じています）。

近年の労働法分野の改革は、その評価できる部分だけをとってみても、右のような状況改善のために、小さな一歩を踏み出したというレベルのものだと思います。ことに、先の各論的事項でもふれたとおり、新しく作られたものをも含め、多くの規制に、罰則を含めたその強制のための裏打ちが乏しいのは、致命的な問題です。

時間外労働について上限が法制化されたのさえ二〇一八年のことであり、その上限は前記の「過労死ライン」であるにもかかわらず、刑罰は六か月以下の拘禁刑または三〇万円以下の罰金という、ほかのどの分野の刑罰と比較してもきわめて軽い、最小限に近いものです（労働基準法三六条六項、一一九条一号）。拘禁刑の求刑はまずないと思われるため、実質的には三〇万円以下の罰金だけであり、しかも、実際に起訴される例はわずかです。これでは、確信犯的なブラック企業にとっては、牛の背中を蚊が刺す程度の抑止効果しかないでしょう。

たとえば、二〇二〇年度の労働基準監督署の立入り調査結果で何らかの労働基準関係法令違反のあった事業場の割合は、六九・一パーセントでした。

また、二〇二一年度の立入り調査結果（長時間労働の疑われる事業場に対するもの）では、三万二〇二五事業場のうち三四・三パーセントに当たる一万九六八事業場で違法な時間外労働があり、うち、月八〇時間を超える例があったもの三七・八パーセント、一〇〇時間を超える例があったもの二四・一パーセント、一五〇時間を超える例があったもの五・一パーセント、二〇〇時間を超える例があったもの一・一パーセントです（二〇〇時間超の場合の月間労働時間は三七六時間を超えますが、一体どのような勤務形態なのでしょうか？）。また、賃金不払残業があった事業場は八・三パーセント、過重労働による健康障害防止措置未実施の事業場は一八・八パーセント、過重労働による健康障害防止措置不十分により指導票を交付された事業場は四〇・六パーセント、労働時間の把握が不適正なため指導票を交付された事業場は一五・九パーセントとなっています。

以上は、到底、先進国の数字とは思えないものです。

私は、ここまでの記述からもおわかりのとおり、新しい犯罪を増やすことにも重罰化にも基本的に懐疑的ですが、労働分野に関する限り、刑罰をも含めた各種の制裁を強化することに、合理性と必要性があると考えます。各種の制裁としては、残業代不払に対する付加金（同法一一四条）等の「制裁としての経済的負担」の強化、悪質違反事実の徹底的公表と求人票への記載義務付け、営業許可の停止・取消しなどさまざまなものがありえ、これらの制裁は、ブラック企業にとっては、軽い刑罰よりも効果があるはずです。

また、労働者のほうについても、働き方の合理化や効率化のための意識改革が必要ではないかと思います。たとえば、「長時間一生懸命仕事をしている（ようにみえる）人ほどえらい」という今なお根強い価値観が、実際には産業界の主張の免罪符になっていないか、また、部下をどやしつけて残業を強いるハラスメント上司や、本当は仕事をしていないのにそのふりをするのは上手で、かつかけ声だけは大きいなような人を増やし、さらに労働環境を悪化させていないかといったことも、考えてみるべきではないでしょうか。

投資についての基本的かつ重要な注意事項

投資については、これに慣れている人の場合は問題ありませんが、投資に関する感覚に乏しい相対的高齢者層や女性が被害をこうむって訴訟になる例が非常に多いので、そのような読者を念頭に置きながら、注意すべき事柄を挙げておきます。

①　初心者の避けるべき金融商品

まず、初心者の避けるべき金融商品があります。小さな資金（証拠金、委託保証金）で大きな金額の取引を行うことができる（レバレッジ効果といいます）取引はすべて危険です。証拠金等以上の損失が生じた場合には、その分を支払わなければなりませんが、これが莫大な金額になることが多いのです。たとえば、より基本的な資産や商品から派生した金融派生商品（デリバティブ）がそうです。先物取引、オプション取引、スワップ取引等があります。

なお、デリバティブは仕組みそのものがわかりにくいのですが、一般的にいっても、仕組みの複雑な商品には注意すべきです。たとえば、変額保険そのものはよくあるものですが、第6章でふれた「相続税対策としての融資一体型変額保険」（仕組みが複雑）はきわめて危険なものでした。

②　FXもそこそこ危険

FX（外国為替証拠金取引。差金決済による通貨の売買を行う取引）も、金融派生商品の一種であり、その名のとおり証拠金取引です。もっとも、これについては、強制ロスカットというシステムがあるのが一般的です。これは、一定割合以上の損失が出た場合にシステムが自動で強制的に損切りを行い、損失を確定させるもので、これがうまくはたらけば、損失が発生しても証拠金内に収めることが可能になります。

しかし、為替相場の変動が大きすぎた場合、変動が休日に起きた場合、FX会社でシステムにトラブルが発生した場合には、これが間に合わない、あるいははたらかないので、やはり、証拠金ではまかなえなかった分を、FX会社から請求されることになります。

また、為替相場の変動は、投資の中でもかなり予測が難しいものであり、その意味で、FXには、投資というより、むしろ、投機、ギャンブルに近い側面があることも、知っておくべきです。

以上のような意味で、FXは、やはり、相対的な危険性の高い金融商品といえます。

なお、①、②から明らかなとおり、ハイリターン商品は、必ずハイリスク商品です。

③　銀行員等の勧誘についての注意

最初に挙げたような人々、ことに退職金を得た退職者が金融商品を購入するのは、銀行を通じてのことが多いかと思います。今後、年金額の減少は避けられないでしょうし、加えて、インフレ期には貯金も目減りしますから、これを補うために、勧誘された投資をしてみようかと考える人が増えるでしょう。しかし、銀行の場合を含め、勧誘を受けての金融商品の購入については、以下のようなことに注意すべきです。

まず、購入時の手数料の高いことが多いです。たとえば投資信託（多数の投資家から拠出された資金を運用会社が運用する金融商品）の場合、ネット証券会社であれば無料のことも多いのですが、銀行では通常一、二パーセント程度です（一般的にいっても、こうした手数料にはかなり幅があることは、知っておいてよいと思います）。

次に、初心者は、すすめられるままに投資信託、変額保険等々を購入してしまうことがままありますが、もちろん、利益が出るか否かはわかりません。あまりにも当然ですが、銀行員等の第一の目的は、「手数料を取得して利益を上げること」です。「顧客であるあなたの資産を確実に増やすこと」ではありません。とくとお考えいただきたいのですが、たとえば、彼らが、なぜ、あなたを援助し、利益を得させるためだけに、わざわざ週末に出勤して、「休日資産運用相談会」など開かなければならないのでしょうか？

また、金融商品のリスクの説明は、チェックシート等を用いて行われていますが、これも、必ずしも常に万全というわけではありません。たとえば、私自身の経験でも、「変額保険については、保険会社が倒産した場合に預金保険機構（預金者一人当たり一〇〇〇万円を保障）のような保障があるのですか？」と尋ねたのに対し、「それは大丈夫なんです！」と答えられた例があります。

　しかし、帰宅してから調べてみると、全然大丈夫ではありませんでした。生命保険契約者保護機構による保護は、破綻時点の責任準備金等（これは場合により異なる）の九〇パーセントまでにすぎず、個別的にみれば、どれだけの割合が保障されるのかはわからないのです。銀行員の先の言葉が、故意のごまかしなのか、単に知識がなかっただけなのかはわかりません。けれども、いずれにせよ、この人は、私の職歴や著書についても知っていたので、「いい加減なことをいうとまずい顧客」であることはわかっていたはずです（なお、これはかなり以前のことなので、現在では、この点についてもルーティーンで正確な説明が行われている可能性はあります）。

　以上は、銀行員等の人々を特に悪くいう趣旨ではありません。「普通の商売の原則と同じことですよ」ということをいっているだけです。ただ、普通の商品に比べて、金融商品はリスクが大きい。その点はよく認識しておくべきです。言葉を換えれば、「疑問があれば必ず自分で調べましょう。そして、自分の責任で判断しましょう」ということです。

　なお、海外の金融商品については、当然ながら、為替相場の変動の影響を受けます。したがって、過去におけるその変動が大きい外貨の場合には、特に注意が必要です。この点についても、勧誘者の説明を聴くだけではなく、みずから、インターネットで、過去にさかのぼって調べてみたほうがいいでしょう。

④ 投資はまずは自己責任で

これは③と対になる事柄ですが、投資は、「するなら、まずは、自分の力で、自己責任でやってみましょう」ということがいえると思います。

そうした観点からは、ネット証券が比較的適切かもしれません。ネット証券は、わずかな金額でも始められますし、みずからの責任でやるしかないシステムなので、自然に知識や感覚も身についてきます。取引手数料も全般的に低いです。もしも投資をしてみたいならですが、まずは、ネット証券口座を開設し、銀行とつないで、少額の資金で試してみるのがよいのではないかと思います。たとえば、投資信託について、インデックス型のもの（特定の株価指数〔日経平均株価等々〕との連動を目指す投資信託であり、まんべんなく分散投資となるので比較的安全）を中心に始めてみるといった方法は、よく説かれています。

これをやってみてもどうも感覚がつかめないと感じるような人は、投資にはあまり手を出さないほうが無難かもしれません。

⑤ 相場の変動と大暴落

これもいうまでもないことですが、株式市場等には、必ず変動があり、時には大暴落がありえます。そして、大暴落はわずかな期間で起こりますから、対応が非常に困難です。

大きな損失が生じた場合、持ち直す可能性が大きければそれを待つという選択肢もありますが、必ず回復する保証があるわけではありません。また、完全な余剰資金を用いているのでない限り、その時期を待てないことがままあるでしょうし、精神的にももちこたえられない場合が多いでしょう。

⑥ 不法行為損害賠償請求ができる場合

最後に、金融商品について不法行為損害賠償請求ができる場合についてふれておきます。説明義務違反、断定的判断の提供、適合性原則違反等があった場合です。

断定的判断の提供とは、必ずもうかるなどと告げることであり、適合性原則違反というのは、顧客に、十分な知識、情報収集・分析や判断の能力、経験、適した財産等がない場合には勧誘をしてはならないという原則です。

もっとも、請求が認められる場合はかなり限定的であり（ことに適合性原則違反についてはそういえます）、また、過失相殺が行われる例も多いです。これについても、まずは各種のADRを利用するのが適切かもしれません。

この種事案については、一つ、よく覚えているものがあります。

その事件では、誰でも名前を知っている大企業の専務だった原告が、先物取引で大金を失ったとして、断定的判断の提供、適合性原則違反を理由に、業者を訴えていたのでした。しかし、その主張の具体的な内容はといえば、「必ずもうかるといわれたからやったのに損をした。だまされた。けしからん」の一点張りなのです。けれども、大会社の経営陣の一人だった人物が先物取引の仕組みや危険性を知らない、また、業者の言葉を鵜呑《うの》みにするなどというのは、およそ信じられないことでした。

私の心証が変わったのは、原告の弁護士が、本人尋問で、「ちょっと後ろを見てください。傍聴席に座っている人に見覚えがありますか？」と問いかけた時でした。答えは、何度繰り返しても「会ったことも、見たこともありません」でしたが、その男は、実は、原告の先物取引の担当者で、しばらく前まで頻繁《ひんぱん》に顔を合わせていた人物だったのです。

そして、尋問が進むにつれ、身なりや態度は堂々としているものの、原告が実はすでに認知症であって、子ども並みの知力や判断力しかないことが、少しずつわかってきました。外見の威厳は保っているのですが、質問の内容が多少なりとも込み入ったことになると、それに対する供述の内容は、幼く、支離滅裂《しりめつれつ》なものになってくるのです。

おそらく、弁護士は、気むずかしくプライドの高い原告をうまく持ち上げながら、その心情を傷付けないようなかたちで、「適合性原則違反」を立証しようという戦略をとったのでしょう。なかなか鮮やかな弁護でした。

なお、関連して、金融商品はクーリングオフ（訪問販売、電話勧誘販売等について、一定の期間内であれば無条件で契約の申込みを撤回したり、契約を解除したりできる制度）の対象ではないことにも、注意してください（金融商品取引法にもクーリングオフの規定はありますが、対象は「投資顧問（助言）契約」だけです〔三七条の六〕）。

保証は、保証人も債権者もご注意を

保証については、保証人、債権者の両者とも注意すべき事柄を挙げておきます。保証という場合、まずは連帯保証なので、以下、これを念頭に置いて説明します。

①　保証人の責任は重い

保証人は、基本的に、主債務者と同等の責任を独立して負います。たとえば、主債務者が破産したあと免責を受けても、保証人の責任は残るのです。

訴訟においても、本人訴訟の被告である保証人が、時々、「絶対に迷惑をかけない、かたちだけだと言われて保証したのだから私に責任はない」などと強く主張する例がありますが、主債務者が保証を頼む場合にそうしたことを言うのはごく普通のことですから、それだけで勝訴することはありえません。

ですから、保証をする場合には、必ず、「自分が払うことになりうる」ことを念頭に置いて、みずからの責任で判断してください。それに不安があれば、断ることです。

② 人前でハンコを押さない

普通の市民が保証で訴えられやすいもう一つのパターンは、主債務者があなたの印章（ハンコ）を無断使用して契約書の保証人欄に押し、債権者には、「保証をしてもらった」として渡すというものです。その例はかなり多いです。

これは、たとえば何らかの契約書を作成する場合などに、親しい人や知人の前で印章を保管場所から取り出して押すことによって、保管場所がわかり、留守中やちょっとしたすきに盗用されてしまう結果として起こることです。人前で印章を保管場所から取り出してはいけません。

なお、訴訟では、盗用の事実を主張立証することになります。

逆に、債権者のほうからみれば、主債務者が、一人で、保証はしてもらいましたと言って契約書を持参した場合には、それを安易に信用せず、何らかの方法で保証人の意思を確かめておくほうがいいといえます。特に、氏名の部分が自署でなく記名（自署ではない、ゴム印、印刷等による印字）である場合には、注意が必要です。また、印鑑証明書が付いていても、印鑑登録証（印鑑登録カード）が印章とともに持ち出された上で取得されたことがありえますから、必ずしも安心できません。小さな契約であればともかく、そうでなければ、本人の意思を確認しておくのがベターです。

③ 債権者の注意しておくべき事項

最後に、保証契約の方式について、近年の改正点を含め、債権者のほうで注意しておくべき事項をいくつか挙げておきましょう。

保証は、書面か電子契約書でしないと無効です（民法四四六条二項、三項）。

個人のする根《ね》保証契約（将来発生する不特定の債務を保証する契約）については、極度額の定めがないと無効です（民法四六五条の二）。日常なされる根保証契約でこれが問題になるのは、賃貸借の保証でしょう。その場合、極度額は、「一〇〇万円」とか、「契約時月額賃料の〇か月分」などと、具体的な金額が特定できるかたちで記しておく必要があるということです。

事業のための貸金等債務について個人が保証、根保証をする場合（主債務者が法人で保証人が取締役等であるなど一定の場合は除かれます（民法四六五条の九））には、契約締結日前一か月以内に作成された公正証書によって保証人の意思が確認されていないと無効です（民法四六五条の六以下）。この保証意思宣明公正証書は、保証人の意思確認のためのものですから、保証契約書は、これとは別に作成する必要があります。

第8章

日常生活にひそむ危険

――医療、日常事故、いじめ、海外旅行、高齢者詐欺

医療訴訟は難しいので予防が肝心

医療機関や医師の選択が重要なのは、みずからの健康や生命をゆだねるわけですから当然のことですが、予防法学という観点からしても、その選択は非常に重要です。まずその理由を記し、そのあとで具体的な医療紛争予防策に移りましょう。

医療訴訟は、手間と費用と時間のかかる訴訟の典型です。また、判決になった事件での勝訴率は近年おおむね二割程度と低く、多くの事件は和解で終了します。さらに、請求認容判決や和解でも、割合としては、金額があまり大きくないものが多いと思われます。これについては、医師の過失、また過失と結果の因果関係の主張立証が難しいこと、また、それらが明らかな場合には訴訟になる前に示談の行われる例の多いことが大きな理由です。

過失については、一連の医療行為の中からそれを特定すること自体がかなり難しいケースもあります。また、その判断は、「診療当時の臨床医学の実践における医療水準」に基づいてなされるところ、これは、医師が属する医療機関の性格（最先端医療を行う大学病院、開業医等）といった各種の事情により異なってきます。

因果関係は、さらにネックになりやすいです。不適切な治療あるいは不作為（必要な治療を行わなかったこと）が認められたとしても、これと死亡や後遺障害等の結果発生との間の因果関係が明らかではない、という場合も多いのです。原告に課されている証明責任を果たすのが難しい場合が多いということです。

また、裁判所が採用して鑑定人に行わせる鑑定にも費用がかかります（五〇万円から一〇〇万円くらいかかることは普通です）。当事者が私的に作成してもらう私鑑定（書証として提出されます）は、医療訴訟では質の高いものも多いのですが、やはり、一定の費用はかかります。建築訴訟等の場合と同様、専門委員の利用も可能ですが、医療訴訟では、判決ということになると、やはり、何らかのかたちの鑑定が、証拠として重要になるのです。

弁護士についても、医療訴訟を多数手がけてきた人でないとなかなかうまくゆかないので、知財・IT関係等訴訟と並んで、経験のある、専門性の高い人を選ぶ必要性が大きいといえます。また、これは一般的にいえることですが、第9章で述べるとおり、紛争解決に当たってとりうる手段は多数ありますから、それらの選択も慎重に行うべきです。この種訴訟でも、非常に攻撃的で性急に訴えの提起をすすめる弁護士には、むしろ注意すべきでしょう。医療訴訟の前記のような状況を考えるなら、弁護士に委任した上で、被告（ここでも多くの場合には実際には保険会社）との示談交渉、医療ADR、調停といった方法の可能性をも検討してみるのが適切でしょう。

右のとおり、医療紛争は大変ですから、その予防の必要性は高いといえます。ことに、ありふれたものではない病気（ないしその可能性）については、①まずはインターネット等で病気に関する基本的な情報を収集し、②医療機関を綿密に選び、③特別に急がない場合にはほかの医療機関にもかかってセカンドオピニオンを得、④手術等の選択については、よく説明を聴き、疑問点についても尋ねてみる、といったことが必要でしょう。

②については、同じ医者といっても、その能力、知識には大きな差があるのを知っておくべきです。一般的にいえば、地域の基幹病院、それが弱ければ大都市の病院がいいでしょうし、種類では、大学・国立病院が相対的に高レベル、公立はそれに準じるがかなりの差があり、私立病院、開業医はさらに（極端に）差が大きいといえるでしょう。なお、レベルの高い開業医ほどよい病院を紹介してくれやすいことにも留意しておくべきです。

もっとも、以上はあくまで一般論であり、常に大学病院等大病院がいいというわけでもありません。どんな病院でも担当医の能力やキャリアに個人差はあります。また、たとえば、うつや神経症等のよくある精神科系の障害では、通いやすい場所の、親切で、説明がていねいで、患者の身になって考えてくれるドクターを選んだほうがいいと、よくいわれます。右のような医師は、十分な能力も備えていることが多いのです。

今では、インターネットで医師の経歴や専門性、常勤か否か（私立病院の非常勤医師の勤務態度は、よくない例があります）などは調べられますし、知人等からもかなりの情報が得られると思います。私と妻も、医師の知り合いがないこともないのですが、これまでは、それに頼らず右のような情報を得て複数の病院にかかってみることで、おおむね適切な治療を受けられています。

③については、たとえば、ある友人が、整形外科の病気で手術すべきかどうかを迷い、最初に、手術がうまいといわれる私立病院経営者医師に強く手術をすすめられたのですが、近くの病院に来ている大学病院医師にかかったところ、まだおよそ手術を考える段階ではないと言われ、そこに通院を始めた、といった例がありました。このように、医師についても、弁護士と同じく、性格、経歴、利害関係等のさまざまな要素が反映して、その考え方の違いが出てきます。ことに、医療では、セカンドオピニオンが重要といえます。

④については、判例上、医師にはかなり高度な説明義務が要求されていますから、特に手術等危険性の高い治療については、複数の方法がある場合をも含め、手術等の内容、必要性、危険性等について、ていねいな説明がなされるのが普通です。患者の疑問に対しても、かみくだいたていねいな応答が必要とされます。こうした説明をきちんとしない医師は、避けるべきでしょう。また、質問に対する応答によって、医師の能力や性格も見分けることが可能になります。

ところで、私の判決で判例になっているものの一つに、精神科医の説明義務に関するものがあります。このケースでは、医師が、原告の家族らから相談を受けてした統合失調症との診断と水薬の非告知投薬（患者には知らせずに家族が飲み物等に薬を混ぜて飲ませる。少なくとも当時は、広く行われていました）について、後に、「不法行為」として訴えられました。判決では、「精神科医による非告知投薬は、望ましくはないが、病識（病気の自覚）のない患者に治療を受けさせる適切なシステムを欠く日本では、一定程度容認せざるをえない。しかし、その条件は厳密に考えるべきであり、それを欠く場合には不法行為となりうる」とした上で、その事案については請求を棄却しています（千葉地裁二〇〇〇年〔平成一二年〕六月三〇日判決、『ケース』39事件。なお、このケースでは、実際には、原告は、処方された水薬を飲まされていません）。

調べてみると、この判決は医師の論文でも多く取り上げられているのですが、論調としては、「当時はともかく、現在では、やはりインフォームドコンセント（説明に基づく同意）が必要ではないか」という意見が強いようです。実をいえば、私もそれはよくわかっており、「それでも、不法行為の成立には一定程度慎重であるべきでしょう」と判断したにすぎないのですが……。医師らは、純粋に医学的な視点から、医学論文を読む感覚で、判決を読んでいるような気もします。いずれにせよ、ここでも、根本にあるのは、日本社会における「社会的な問題、葛藤《かっとう》の核心を直視する姿勢の不足」、また、「それに適切に対応できる制度の欠如」ということなのです。

最後に、いくつかの事項を補っておきます。

歯科の医療訴訟は少ないのですが、インプラントについては、細菌感染等の危険性が大きいため、時々あるようです。行う場合には、適切な歯科医院を選択すべきです。

薬剤については、長期連用が危険なものはそこそこあるといわれます。長期にわたって服用する場合には、インターネット等で、副作用や事故例を調べておいたほうがいいでしょう。私の経験でも、この点については、優秀な医師でもあまり気にかけていないことがままあるように思われるからです。薬害については、たまたま生じたような特異なものは、たとえ重大なものであっても、前記のような立証上の問題が大きく、損害賠償請求の対象にはなりにくいことにも注意してください。

また、薬は相性が大きいので、ほぼ同じ作用をするはずの薬でも、実際の効果は人によってかなり異なることがあります。たとえば、向精神薬はその典型です。したがって、薬があわないと感じる場合には、早めに医師と相談したほうがいいでしょう。

日常生活上の思いがけない事故にもご注意！

日常生活上の思いがけない事故から訴訟になるケースも時々あります。いくつか紹介しておきましょう。

① ホームで衝突、大事故

ホームで走ってきた男性が老婦人に衝突し、転倒させてしまった事件です。極端なスピードではなかったようですが、ころび方が悪かったのか、かなりの後遺障害の残る大事故になってしまいました。判決であれば二〇〇〇万円台にはなります。しかし、被告には貯金はなく、もちろん一時には支払えません。双方弁護士とも和解するほかないだろうということになり、結局、総額で一〇〇〇万円を、毎月の給料から八万円ずつ一〇年余りかけて支払うことになりました。保険でカバーされない事故は、被害者、加害者のいずれにとっても非常に厳しいことになるのを、思い知らされたケースでした。

② 夜の工事現場で転倒、負傷

深夜の歩道で、三〇代の女性が、工事現場の囲い（深夜のため工事自体は休止中）からはみ出していた鉄棒様《よう》のものにつまずいて転倒したという事件です。

やはり、ある程度の後遺障害の残る事故になりました。しかし、今と違ってスマホなどありませんから、現場の写真等が残っておらず、また、現場は二、三日で片付けられてしまったため、客観的な証拠が何もありません。被告の弁護士は協力的な人でしたが、被告の手落ちであることの客観的な立証がないのでは、まとまった金額を支払いなさいという説得は難しいと言います。被告としては、「現場はいつもきれいにしており、事故が当方の責任によるとは思えない。したがって、法的責任は認めることができないが、見舞金として一〇〇万円程度なら出してもよい」ということでした。

結局、女性に同行していた人々の証言や女性自身の尋問結果から、女性のいうようなかたちで起こった事故であった可能性が高そうだという心証は得ました。しかし、何せ証拠が乏しいので、判決をすれば、高裁で維持されるかどうか疑問です。結局、被告を何とか説得し、五〇〇万円を支払ってもらう和解で決着しました。

③ 植木職人が脚立《きゃたつ》から転倒、負傷

植木職人が道路に大きな脚立を立てて枝を切っていたところ、幼児が脚立の間をくぐった拍子に脚立に接触し、脚立が倒れて職人が転倒、負傷した事件です。この事故では、職人の後遺障害は軽微なものでしたが、医療費、休業損害が相当の金額になりました。

幼児の監督義務者（民法七一四条）である親の責任を認めるか否かが争点です。しかし、幼児が脚立の間をくぐることまで予期して注意を払っておくべき義務が親にあったといえるか、微妙なところです。また、植木職人が脚立の二つの足をつなぐ掛け金をかけていれば防げた事故でもありましたので、親の責任が認められても、かなりの過失相殺がなされえます。この事件については転勤により私は最後までやりませんでしたが、おそらく、比較的少額、たとえば一〇〇万円くらいの金額で和解になったのではないかと思います。

以上のとおりですが、これらは、いずれも、誰もが原告にも被告にもなりうる事件であり、日常生活でも、場面によっては相当の注意が必要なことを示しています。

以上のような事故による損害をまかなう保険としては、傷害保険（自分のためのもの）、個人賠償責任保険（第2章〔自動車保険関連〕、第4章〔痴漢冤罪関連〕でもふれた日常損害賠償責任保険。他人に与える損害をまかなうもの）があり、後者は、自動車保険、火災保険、傷害保険等のオプションとして加入する例が多いようです。自分はうっかりこうした事故を起こしてしまいそうだと思う人は、入っておいてもよいかもしれません。

いじめに対する適切な対処の方法

いじめは子どもの世界のハラスメントですが、これについても、日本では、大人のハラスメントの場合同様、事なかれ主義や事実を直視しないムラ的体質により、なかなか表に出ない、対応がなされないことが多いのです。

もっとも、いじめ防止対策推進法がいじめ防止措置や対処方法について大枠を定めており、学校は公的機関ですから、明確に事実を述べれば、企業と比べれば、それなりの対応をしてくれることがより期待できるとは思います。

これについては、電話等による相談先は、NPO等々多々あります。

現実の行動としては、被害児童の親は、まずは担任の先生に面談して事実を伝え、対応を求めるべきでしょう。スクールカウンセラーが置かれている場合には、最初にスクールカウンセラーに相談するのもいいと思います。それでもらちがあかなければ、校長、教育委員会と進むことになります。また、犯罪に当たる行為（明確な暴行、衣服等の器物損壊、恐喝等）がある場合には、警察にとりあえず相談することも考えられます。警察からの連絡があれば、学校の対応は促進されやすいでしょう。

もっとも、学校がまともに対応してくれなかったり、人間関係上のこじれやもつれがあったりする場合には、その段階で弁護士に相談し、弁護士から学校等に対応してもらう方法も考えられます。警察についても、場合によりおおごとになりますから、本格的な対応を求めたいなら、弁護士と相談してからのほうがいいでしょう。なお、こうした場合の弁護士も、あまり攻撃的な人は避けたほうがいいと思います。

また、親のとりうる対処方法としては、クラスを変えてもらう、学校を変えてもらうなどの、加害児童らから引き離す方法もあります。学校の変更については、二〇〇七年（平成一九年）三月三〇日付け文科省初等中等教育局長通知「学校教育法施行令第8条に基づく就学に関する事務の適正化等について」により、「保護者から自発的に変更の申立てがあるなど深刻ないじめの場合には、時機を逸することなく配慮すること。逆に、被害児童に対して就学校の変更を強いないこと（以上は要旨）」とされています。

自閉スペクトラム的な傾向のある子どもはいじめのターゲットになりやすく、それをうまく受け流すこともできません。こうした子どもへのいじめは小学校の半ばくらいから始まることが多く、また、中学校以降も続く可能性が高いですから、可能なら、近所ではなくともいじめのない学校、いじめ対策に力を入れている学校に入学させたほうがいいでしょう。繊細で性格的に弱いところのある子どもの場合にも同様です。

なお、自分の子どもがいじめにかかわっているといわれた場合には、事実を確かめ、少しでもその事実があるなら、すぐにやめさせてください（いじめを行っているグループとの関係も絶たせるほうがベターです）。子どものことだからと放っておくと、場合により、少年事件、児童相談所通告、また、被害者からの監督義務者責任追及訴訟という事態にもなりかねません。

最後に、いじめについては、ハラスメントの場合（前記二〇四頁）と同様、その経過を具体的に記録しておくことや証拠になるようなものがあれば保存しておくことが重要です。

海外旅行にも危険がいっぱい

海外旅行でまず注意すべきなのは、十分な金額の保険に入っておくことです。病気等何らかのかたちで保険から支払を受ける人の割合は、四パーセント程度と高いからです。また、長期入院した場合の金額、遺体運搬費用等については、千万単位以上の高額になりうるからです。

さらに、アジアでの事故の割合が高いことを考えると、短期のアジア旅行でも、保険の必要性は高いといえます。実際、添乗員付きの団体旅行でも事故の危険がありうると思います。たとえば、船着場の乗降部分に危険を感じる、ホテルの部屋は豪華だが目立たない部分に思わぬ段差があり人間工学的な配慮に乏しい、などといったことが目につきます。高齢者は特に注意すべきでしょう。

団体旅行でもフリープランであれば、また、個人旅行では、ヨーロッパ中心部は比較的安全かもしれませんが、それ以外の地域では、それ相応の、あるいは相当の危険が伴います。ニューヨークの危険地域で買春を試みた日本人旅行者が多数亡くなっていたという話を第5章に記しましたが、それが典型ですね。アメリカを例にとると、たとえば、安全な地域のすぐ隣に危険な地域がある、安全な地域でも日が落ちると途端に危険になる場合があるなどのことがあります。しかし、旅行者にはそうしたことがなかなかわかりません。

実際、日本人旅行者は、えてして恐ろしく無防備です。カフェなどで見ていると、若い女性二人で、あるいはカップルで、日本語ガイドブックを眺めながら、人のいない方や暗い方へぶらぶら歩いて行ってしまう。プレデター（捕食者）からみれば、「どうぞ襲ってちょうだい」というサインを出しながら歩いているようなもので、危険きわまりないです。

もっとも、これには無理もない面もあります。ある程度長く滞在していれば、「今危険、ここ危険」というのは何となく肌でわかるようになるものですが、先にも記したとおり、旅行者にはそれがないですから。しかし、だからこそ、常に最低限の注意は払っておくべきなのです。

自動車旅行は、右側通行等現地の規制にすぐに対応できる高い運転技術と、トラブルがあっても少なくとも英語では対応できる語学力の双方が最低限なければ、実際上、「冒険旅行」だと思います。たとえば、アメリカでは、警官は何かあればすぐに逮捕する傾向が強いですし、留置場で他の収容者から暴行やレイプ（男性も襲われうる）などの被害を受ける例もあります。

さらに、以上のような事態（事故、紛争等）については、どこの国の当局も外国人にはあまりやさしくないのも事実です。くれぐれもご注意くださいね。

詐欺や悪質商法から高齢者を守るには

犯罪の件数自体は減っているにもかかわらず、高齢者が被害者となる詐欺や悪質商法は相変わらず多いです。電話等を用いた各種の特殊詐欺、悪質な訪問販売や電話勧誘販売等々です。

特殊詐欺については、加害者らは、演技自体は慣れていますから、認知機能が衰えてくると、その嘘を見抜くのはかなり難しいです。親族を装うようなものは、たとえば、家族でパスワードや合い言葉を決めておけば、まずだまされることはないのではないかと思いますが、最近はそれ以外の類型のものも非常に多くなっていますから。

私が経験した最も高額の訴訟事案は、「家にシロアリ被害等の問題がある。そのままにしておくと家屋が倒壊する」などとおどして必要のない家屋改修工事をいくつも行わせたもので、総額は一〇〇〇万円以上にのぼっていました。

こうした被害の対策には決め手がないのですが、法律家知人には、親の認知機能が明らかに衰えてきた段階で、自分が責任をもって財産管理をすることにし、預金通帳、印章等含め貴重品は預かっているという例が、複数あります。もっとも、この方法は、管理を透明にしておかないと、かえって後に横領等の疑いを招くという問題がありますから、一般的にはあまりすすめられません。

正式な制度としては「成年後見制度」（民法八四三条以下）があります。これについては、親族が後見人になった場合の横領等のトラブルから、弁護士等専門家の割合が増えていましたが、そうすると今度は報酬が高い、意思疎通を欠くなどの不満が多く、最高裁は、二〇一九年三月一八日の専門家会議で、後見人として適切な親族等の身近な支援者がいる場合はそのような者が望ましく、場合により専門職の後見監督人（民法八四九条）をつけることで安全性を確保するという、方針の転換を示しました。なお、成年後見人については、家裁による選任後は、勝手に解任はできず、不正行為等を理由とする家裁への申立てが必要だという点にも注意が必要です（民法八四六条。なお、成年後見には、以上の法定後見のほか、事前に後見人となるべきものを選んでおく〔つまり、みずからの意思で後見人を指定しておける〕任意後見の制度もあります〔いわゆる任意後見契約法〕。もっとも、この制度についても家裁の関与はあります）。

この点についても、やはり、制度の未熟、不備という問題がかなり大きく、私見としては、ベターな方法は、本人がいやがらないならですが、老人ホームへの入居か子どもとの同居をすすめることかな、という気はします。

なお、高齢者世帯等詐欺師や空き巣にねらわれやすい家については、そうした人々が、郵便受けや玄関に記号やシールでマーキングをする例があるようです。もしも高齢者世帯でこれをみつけたら、すぐに消すとともに、ターゲットになっていることが明らかですから、具体的な対策を立てる必要があるでしょう。

第9章

紛争が起こってしまったら

——弁護士の選び方、とりうる方法等

法律相談から弁護士委任まで

紛争が起こってしまった場合にどうすればよいかについても、その要点だけ記しておきましょう（詳しくは、民事訴訟に関する詳細な解説とあわせ、拙著『民事裁判入門』をご参照ください）。

法的紛争が生じた場合にまず行うべきことは、法律相談です。

これについては、各地の弁護士会が行っているもの、総合法律支援法に基づき設立された公法人である法テラス（日本司法支援センター）で弁護士・司法書士が行っているものが、比較的利用しやすいかと思います。相対的に狭い専門分野に関する相談の場合には、前者で事前にその旨を告げて予約する、インターネットでポータルサイトなどを検索し、適切な弁護士を探して相談するなどの方法が考えられます。こうした法律相談によって、その後にとりうる方法についても、およそのめどがつくでしょう。

また、どのような方法で弁護士を探す場合にも、委任の前にまずはその弁護士自身による法律相談ないし最初の面接の段階があります。これは、もちろん有料の場合も多いですが、相談だけなら極端に高いものではないのが普通です。心配なら事前に確認しておくといいでしょう。

相談の際に念頭に置くべき事柄は、①相談の内容についての弁護士の説明を正確かつ客観的に理解すること、② 委任するかどうかを決める前提として、その弁護士の資質、能力、性格をよく見極めること、③ 相談に当たっては、訴訟になる場合に書証として提出すべき各種の書類を整理した上で持参し、紛争の経緯をできる限り客観的に説明すること、④ ことに、自分にとって都合の悪い事情や証拠を隠さないこと、です。

②については、法的な事柄にうとい人ほど、大言壮語型、「口だけはうまい」型の弁護士（割合はそれほど多くはないのですが）に引っかかりやすいことに注意しておくべきでしょう。理性的で説明のていねい、正確な人、あなたのほうの問題点をも婉曲《えんきょく》にではあっても指摘してくれる人、そして、「交渉や訴訟の経過についてはわかりやすく説明します」と言ってくれる人は、信頼できる場合が多いでしょう。より深いところで自然な温かみを感じさせる人なら、さらにいいといえます（なお、私自身は、弁護士登録をしていないことや職務との関係から、相談はお受けしていません）。

弁護士の費用と報酬――委任に当たっての注意事項

弁護士への委任契約をするに当たっては、契約書が作成されます。

弁護士に支払う費用については、「費用」と「報酬」があります。費用（交通費、宿泊費、コピー代等の「実費」）については、簡単な事件なら五万円から一〇万円程度ですむこともある一方、弁護士の出張が多い事件や長引く事件では、金額がかなり増えることもあります。また、訴え提起のための手数料、郵便送達のための郵便料金等の「国に納付する費用」については、これとは別に負担する必要があります。

報酬のうち着手金や日当については、その時点でわかります。しかし、成功報酬については、一律の計算方法がなく、事案によっても大きく異なり、成果に応じた幅もありうるので、可能な範囲で正確な説明を聴いておくことが必要です。支払の段階で行き違いが生じて気まずくなる例もあるからです。この説明を正確にしない弁護士は、そのことだけでも避けたほうが無難でしょう。

なお、最初の相談でまだ迷いが残る場合には、とりあえず、「家族ともよく相談して、お願いするかどうか決めたいと思います」と弁護士に告げた上で、もう一度委任の是非についてじっくり考えてみるという方法もあります。迷いがある場合には、数日間の冷却期間を置くと正しい判断ができることが多いものです。もっとも、返事をする期限は明確にしておくべきでしょう。

さまざまな紛争解決方法

法的紛争が生じた場合にとりうる方法は、民事訴訟だけではありません。弁護士に委任する場合にも、訴訟という手段が適切かどうかは、よく相談する必要があります。そうした相談や説明をとばして性急に訴えの提起をすすめる弁護士には、注意すべきです。

具体的な方法としては、以下のようなものがあります。その多くについては、すでに何らかのかたちでふれています。

①各種のADRは広く利用されています。たとえば、裁判所における民事調停や家事調停、公害等調整委員会、建設工事紛争審査会等による調停、仲裁等です。仲裁とは、当事者間の合意に基づいて第三者である仲裁人に紛争の解決をゆだねる制度です。

②金銭請求事案で、事実に争いがないかあるいは相手方の言い分が法的にみてほとんど問題にならないような場合には、まずは督促手続（民事訴訟法三八二条以下。裁判所書記官が、形式的な審査を行った後に「支払督促」を発する）を選択するのが効率的です。これは、督促異議の申立てがあると通常の民事訴訟に移行しますが、その場合でも、多くは和解か簡単な判決で終了しています。

③迅速な救済の必要性が高い権利の早期の実現については、仮の地位を定める仮処分の申立てを選択することも考えられます。たとえば、建築工事や通行妨害の禁止等です。

④通常の民事訴訟手続以外の簡易な略式訴訟手続としては、すでにふれた少額訴訟（民事訴訟法三六八条以下）、労働審判法上の労働審判等があります。

⑤最後に、あなたの委任した弁護士が、相手方と、場合によっては相手方のほうでも弁護士を立ててもらった上で、お互いに証拠を開示して話合いを行うという方法もあります。双方に良識と誠意があるならば、これもまた、適切な紛争解決の方法です。

本人訴訟の是非

ＡＤＲ、少額訴訟等はおくとして、たとえば通常の民事訴訟を素人が自分だけで行うことは可能でしょうか？

結論からいえば、類型的かつ単純な事案で実質的には争いがないような場合、あなたに一定の法的感覚があれば、また、相当の苦労もする覚悟があれば、原告本人訴訟でもとりあえず何とかなるとはいえます（相手が本当にまともに争わなければ、ですが）。訴状や準備書面は、各種のひな形を利用するか、司法書士に書いてもらうことになります。なお、被告側については、争う余地に乏しい事案では、本人訴訟がかなり多いです。

ただし、原告側の場合、判決で勝訴しても、被告が任意に履行してくれないことが多いので、その後に民事執行の申立てが必要になります。また、争う余地のない事案でも、上訴されれば、最後まで付き合うしかなくなります。

原告本人訴訟については、こうしたことも考えておく必要があります。

終章　個人と社会・国家の危機管理

個人の危機管理と社会・国家のそれは関連している

前章までの記述は、まえがきでもふれたとおり、普通の日本人が一生の間に経験する可能性のある各分野の法的紛争、また生活や取引上の危険を避けるために、あるいはそれらに適切に対処するために必要な法的知識・情報を説くものでした。あわせて、個人の危機管理のために必要な法的リテラシーを読者に身につけていただくことをも、目的としていました。

それは、こうした「個人の危機管理の意識」の不足が、日本における法的紛争の多くの原因になっていると思われるからです。その背景には、近代的意識の基盤の一つである「実証的で冷徹なリアリズムの不足」という難題があります。

そこで問題なのは、個人のレベルの紛争は、この本に記したような事柄に注意していただければほとんど避けられるとしても、社会や国家のレベルの危機、いやおうなく個人の生活や健康を破壊しかねない危機については、どう対処するかということです。

そんなことは個人では対処できない、あるいは、前章までの内容とは関係がないと考える方もあると思います。しかし、はたしてそうでしょうか？

私自身は、これらの問題は密接にかかわっていると考えています。つまり、「社会や国家としての危機管理の意識」の不足が、日本のつまずきの大きな原因になっており、その背景には、個人の場合と同様、近代的意識の基盤の一つである「実証的で冷徹なリアリズムの不足」という困難な問題があるのではないかと思うのです。

危機管理のできない国日本

十五年戦争ともいわれる先の一連の戦争は、中国における軍部の独走（ことに、軍部の中でも過激な部分の独走）を政府がコントロールできなかったことによって起こり、きりのない戦線の拡大は、兵士たちの飢えと、現地の人々に対する暴力を招きました。アメリカとの衝突についても、回避の時機を失し、先のみえない開戦に至りました。よく考えればいずれの行動も無謀であったにもかかわらず、社会全体が、冷静な現状認識・分析自体の許されないような「空気」に侵されていたわけです。

バブル経済についてもそうです。バブル経済は過去にいくらでもその例があり、日本のそれはただその規模が非常に大きかったというだけのことですから、いつまでも続くわけがないのは明らかでした。しかし、そうした警告はほとんど行われず、第6章の相続税対策のところでも記したとおり、保険会社と銀行までが、バブルが崩壊すればたちまち顧客が破産する可能性のある、無謀なスキームを設計していました。

以上は過去の出来事ですが、赤字国債や原発は、現在も続く問題です。

GDP比世界最悪レベルの赤字国債大量発行は、どう考えてもリスキーです。日銀が、当初はともかく、続ける必然性があったか非常に疑問の大きい異次元金融緩和政策をどんどん推し進め、大量の国債と日本株（ETF、上場投資信託）を買い支え、身動きが取れなくなっている、つまり、中央銀行としての機能を十分に果たしえなくなっている状況も、きわめてリスキーです。

にもかかわらず、政治家と官僚は、無計画なバラマキを始めとする、票集めのための、その場をしのぐための、あるいは既得権者の利益のための、支出をやめようとはしません。こうした政策は、結局は、私たち国民一人一人の負債を増やしているのと同様であって、そのつけを子孫に残すものであり、また、やがては高インフレを招く危険性が大きいことも否定しにくいと思います。けれども、政治も、総体としての社会も、そうしたリスクの存在に正面から向き合っているとは、到底思えないのです。

原発は、事故が起こった場合の結果を考えるなら、赤字国債や日銀の状況以上に大きなリスクかもしれません。元々地震国、火山国、人口密集国である日本に五四基もの原発を建造するのは、無茶です。そんなことをしている国は、ほかにはありません。また、その建設についても、活断層の上に原発がある（敦賀。原子力規制委員会の有識者会合による認定）、幅の狭い半島の根元の部分に原発がある（伊方。陸上避難困難）など、事故のリスクをおよそ考えていないような、無謀なものさえあります。率直にいえば、王様が部族政治を行っている国でもありえないような、危機管理意識を欠いた原発建設が行われていたわけです。

福島第一原発事故以前には、日本の原子力業界・行政においては、①「全交流電源喪失は三〇分以上続かない、全電源喪失は起こらない」、②「日本では過酷事故は起こらない」、③「日本の原発の格納容器は壊れない」という非科学的、非論理的、非合理的な三つのドグマが、無条件の前提として信じられていました。

その結果として、二〇一一年の福島第一原発事故では、津波により全電源が喪失しても電源車がなく、電源車が到達後も、プラグがあわずボルト数も異なるためすぐには接続できないという状況の下でメルトダウンが起こり、一号機の原子炉建屋《たてや》が水素爆発を起こして大破しました。また、一号機、二号機については、格納容器が決定的に破壊されて東日本壊滅に至る（東京をも含め東日本居住者のうち三〇〇〇万人が退避を強いられる）事態が起こりえました。これらがなぜ決定的に壊れなかったのかについては、今なお十分に解明されていません。四号機についても、燃料プールの水がなくなれば同様の事態が起こりえましたが、そうならなかったのは単なる偶然の結果でした（ＮＨＫメルトダウン取材班『福島第一原発事故の「真実」』〔講談社〕）。以上の経過については、「神風が吹いたのと同じだ」（そのくらいの偶然で致命的な結果を免れただけだ）という人もいます。それは事実だと思います。

この事故によって、危機管理に関する日本の国際的評価は、当然のことながら決定的に下がりました。たとえば、二〇一三年の世界経済フォーラム（通称ダボス会議）における危機管理能力ランキングで、日本は、一三九か国中六七位、インド、ブラジル等の新興国よりも低く、下にある主要国は七三位のロシアくらいという結果でした。

しかし、先の事故後大急ぎで作られた新規制基準は、火山に関する基準を始めとして国際標準からみれば不十分な部分が多く、避難計画も対象から外されており、多数の原発の再稼働を可能にすることを前提としているとみられても仕方のないものでした。日本の裁判官は一般的にいえば重大な社会的影響を及ぼす判断をすることに消極的であるにもかかわらず、原発については差止めの判断がいくつも出ていることにも、留意すべきでしょう。

にもかかわらず、最近は、さらなる再稼働等に向けての政治的な圧力が強まり、経済産業省による検討を経て、とうとう、政府は、原発の建て替え、最長六〇年とされてきた原発の運転期間について司法判断や再稼働に必要な審査等で停止していた期間を含めない、などの方針を閣議決定しました（二〇二三年二月一〇日）。

なお、有事の際に原発が攻撃の対象とされた場合にも、大惨事になることはいうまでもありません。

最後に、近年新たに生じたものとして、集団的自衛権に伴うリスクがあります。私は、純粋な意味での自衛権は国家の基本的権能の一つであり、現在の憲法もそれを否定するものではないと考えています。しかし、集団的自衛権となると話は別です。安倍晋三政権が、本来憲法改正によるべき集団的自衛権の行使認容を閣議で決定し、各種の関連立法を強行したことは、どう考えても、手続的に重大な問題があったと思います。

そのことはとりあえずおくとしても、集団的自衛権については、純粋な自衛とは異なり、それを適切にコントロールしてゆくためには、冷徹なリアリズムに基づく現実認識・分析力、したたかな外交・政治力、そして何よりも高度の危機管理能力が必要とされることが明らかだと思います。しかし、啞然《あぜん》としてしまうほど劣化のはなはだしい現在の日本の政治家たちに、はたしてそれを期待できるのでしょうか？

たとえば中国や北朝鮮が問題の大きい国家であることは確かです。しかし、その脅威の実質については、まずは、慎重な客観的調査と分析が必要でしょう。けれども、それがきちんとなされているかどうかは疑問です。少なくとも、国民に対する十分な説明はありません。防衛費のなし崩し的な増額についても、同様のことがいえます。

最も考えやすい危険のシナリオは、台湾をめぐる米中戦争に日本が巻き込まれ、米軍基地、ことに沖縄のそれに、中国のミサイルが落ちてくることでしょう。しかし、それが、本当に日本にとっての必然といえるのでしょうか？　私は、日米安保条約を前提とするとしても、日本がみずからの国益と危機管理の観点から、ほかの多くの国々と同様、アメリカとより対等の立場で主体的に自衛を考えてゆくことが必要であり、また本来可能なはずではないかと考えるものです。

あなたとあなたの家族・子孫を守るために

個人の危機管理を説いたこの書物の最後の章で、私は、社会や国家の危機管理についても論じました。それは、先にも述べたとおり、この二つの問題が、ともに、冷徹な現状認識・分析と起こりうる事態についてのリスク評価の欠如、つまりは「近代的な危機管理意識・能力の不足」に根を持つ問題だと考えることによります。

個人の危機管理を徹底すれば、生活上の紛争・危険の大半は防止することが可能です。しかし、現代社会においてあなたと家族の安全を守るためには、それだけでは足りません。社会や国家の危機管理についても、個々人が責任をもって考え、選択を行い、対策を講じ、継続的に監視してゆくことが必要です。

また、さらに視野を広げるなら、「人類としての危機管理」というテーマも、その先に浮かび上がってきます。自然科学者たちの多数が、これからの百年、二百年は、人類がなお存続、発展してゆけるか否かが決定される、人類にとっての正念場だと述べています。そして、人口問題、環境問題、エネルギーと食糧の問題、核戦争の危険性等々、このテーマについても、ありうるリスクは山積しています。それらは、実感としては私たちの日々の生活から遠いとしても、厳然として存在する現実の問題、私たちやその子孫の安全と平和をおびやかす問題であることには、間違いがありません。

読者の方々には、この書物を読み終えるに当たって、最後に、こうした大きな問題群についても、考えをめぐらせていただきたいと思います。それが、法律家、学者、著者としての私の、切なる願いです。

あとがき——あなたと家族を守る「予防法学」のビジョン

　この本では、私の裁判官と法学者双方の経験、また調査研究に基づき、日本の普通の市民がその一生の中で出あいうるような紛争・危険を各法律分野ごとに網羅し、それらを予防するための方法を、学生や若者をも含めた広い範囲の読者を念頭に置きながら、詳細に、かつできる限りわかりやすく正確に、解説しました。また、必要に応じ、紛争が起こった場合の対処方法、それぞれの分野の法律論や制度論の基本とその問題点についても、論じています。さらに、理解を一層具体化していただくために、私が裁判官時代に経験した各種の事案やそれらに関連したエピソードも、かなりの数紹介しました。

　これらの記述によって、個々の紛争・危険防止のための断片的な知識、情報にとどまらず、その全体をカバーする「紛争を生じさせないための危機管理の方法やビジョン、また、法というものについての考え方」をも、理解していただけたのではないかと思います。それは、第1章で論じたような意味における私なりの「予防法学」の意図していることでもあります。

　右のような意味で、本書は、私なりの経験論、プラグマティズム、実証主義に基づき、法的紛争・危険の予防という観点から法をとらえた、「法学・法社会学入門」の試みでもあるのです。

私の法律書は、専門書でも一般書でも、実務家、裁判官としての経験・知見を、明示的あるいは潜在的な基盤としています。本書によって、裁判官時代に蓄積していながらこれまではあまり生かす機会のなかった「法的紛争・危険予防のための知識と方法」をも一冊の書物にまとめ上げることができたのは、非常にうれしいことでした。

また、裁判官時代に手がけていた各分野の法制度、関連の判例や学説全般の抱える問題を、学者としての目で再度俯瞰《ふかん》してみることは、私にとっても、新たな目で日本の司法、立法、また、政治と行政を見直す機会になりました。日本の各種制度には、残念ながら近代・現代標準や先進国標準をなお満たしていないものがかなりあること、つまり、日本にはまだ成熟した民主主義国家とはいえない部分がかなりあることにも、あらためて気付かされました。

記述に当たっては、法律家の書物によくあるフラットで無機的な書き方は避け、クリアな正確さを保ちつつ、できる限り、普通の生きた言葉で、わかりやすく語ることに努めました。学者や実務家が通常書かないような種類の事柄、情報についても、それが読者にとって有益なものである場合には、包み隠さず、明確、率直に述べるようにしました。また、関連の条文や判例についても、実際に紛争が生じた場合には参照の必要性が出てくるわけですから、掲げておくようにしました。
本書をお読みくださった読者が、それによって、生活各分野における紛争・危険を事前に避けることができるようになるのみならず、この本から得た個人の危機管理に関するビジョンを発展させ、終章でも論じた、社会や国家の危機管理、ひいては人類の存続と発展のための危機管理のビジョンにまで高めていただければと、心から願っています。

なお、本書で論じたような意味での私なりの「予防法学」については、拙著『民事訴訟実務と制度の焦点――実務家、研究者、法科大学院生と市民のために』〔判例タイムズ社、二〇〇六年〕、その改訂新版である『民事訴訟実務・制度要論』〔日本評論社、二〇一五年〕、また、私の研究の総論である『民事訴訟の本質と諸相――市民のための裁判をめざして』〔同社、二〇一三年〕においてもその要旨を論じていました。

予防法学という言葉は古くからありますが、それが論じられるようになってきたのは比較的最近のことであり、また、主として企業法務や契約の関係においてです。本書で論じたようなコンセプトのそれをまとまったかたちで体系的に示したものは、これまではあまり例がなかったのではないかと考えています。

本書をお読みになって、法というもの、また日本の法や司法に興味を抱かれた読者のために、関連の拙著についても、ふれておきたいと思います。

『民事裁判入門――裁判官は何を見ているのか』〔講談社現代新書〕は、民事訴訟を理解するために必要な知識をその局面ごとに明らかにした、本書の姉妹書です。

『絶望の裁判所』、『ニッポンの裁判』〔ともに講談社現代新書〕、『檻の中の裁判官――なぜ正義を全《まっと》うできないのか』〔角川新書〕は、それぞれ、裁判所制度、裁判、裁判官を対象としながら日本の司法の批判的分析を試みた三部作です。最後のものでは、関連して、裁判官の本質と役割、戦後裁判官史、裁判官と表現、死刑等のテーマについても、掘り下げて論じています。

以上は、一般書ですが、法律家・学者の読者も多い書物です。


本書については、家裁のエキスパートであった大塚正之弁護士〔元裁判官、元早稲田大学教授〕、民法学者で家族法に造詣《ぞうけい》の深い水野紀子教授〔白鷗《はくおう》大学教授、元東北大学教授〕、ベテラン実務家・教育者の天海義彦弁護士〔明治大学特任教授、元司法研修所民事弁護教官〕に、それぞれ、内容のチェックとご意見の提供をお願いしました。多忙な中貴重なお時間をさいてくださった三人の方々に、深くお礼を申し上げます。

また、久しぶりで編集を担当してくださった高月順一さんの的確な伴走、指摘にも、感謝したいと思います。

二〇二三年二月

瀬木　比呂志

講談社現代新書　2697

我《わ》が身《み》を守《まも》る法律知識《ほうりつちしき》

二〇二三年三月二〇日第一刷発行

著者　瀬木比呂志《せぎひろし》　© Hiroshi Segi 2023

発行者　鈴木章一

発行所　株式会社講談社
東京都文京区音羽二丁目一二―二一　郵便番号一一二―八〇〇一

電話　〇三―五三九五―三五二一　編集（現代新書）
〇三―五三九五―四四一五　販売
〇三―五三九五―三六一五　業務

装幀者　中島英樹／中島デザイン

印刷所　株式会社新藤慶昌堂

製本所　株式会社国宝社

定価はカバーに表示してあります　Printed in Japan

N.D.C. 321　254p　18cm
ISBN978-4-06-531284-1

「講談社現代新書」の刊行にあたって

教養は万人が身をもって養い創造すべきものであって、一部の専門家の占有物として、ただ一方的に人々の手もとに配布され伝達されうるものではありません。

しかし、不幸にしてわが国の現状では、教養の重要な養いとなるべき書物は、ほとんど講壇からの天下りや単なる解説に終始し、知識技術を真剣に希求する青少年・学生・一般民衆の根本的な疑問や興味は、けっして十分に答えられ、解きほぐされ、手引きされることがありません。万人の内奥から発した真正の教養への芽ばえが、こうして放置され、むなしく滅びさる運命にゆだねられているのです。

このことは、中・高校だけで教育をおわる人々の成長をはばんでいるだけでなく、大学に進んだり、インテリと目されたりする人々の精神力の健康さえもむしばみ、わが国の文化の実質をまことに脆弱なものにしています。単なる博識以上の根強い思索力・判断力、および確かな技術にささえられた教養を必要とする日本の将来にとって、これは真剣に憂慮されなければならない事態であるといわなければなりません。

わたしたちの「講談社現代新書」は、この事態の克服を意図して計画されたものです。これによってわたしたちは、講壇からの天下りでもなく、単なる解説書でもない、もっぱら万人の魂に生ずる初発的かつ根本的な問題をとらえ、掘り起こし、手引きし、しかも最新の知識への展望を万人に確立させる書物を、新しく世の中に送り出したいと念願しています。

わたしたちは、創業以来民衆を対象とする啓蒙の仕事に専心してきた講談社にとって、これこそもっともふさわしい課題であり、伝統ある出版社としての義務でもあると考えているのです。

一九六四年四月　野間省一